# 从经验论的视角看杜威的语言哲学

## Viewing Dewey's Linguistic Philosophy from the Perspective of Empiricism

王　芳　著

东北大学出版社

·沈　阳·

ⓒ 王　芳　2024

**图书在版编目（CIP）数据**

从经验论的视角看杜威的语言哲学 ／ 王芳著. — 沈
阳：东北大学出版社，2024. 3
ISBN 978-7-5517-3489-9

Ⅰ. ①从…　Ⅱ. ①王…　Ⅲ. ①杜威（Dewey，John
1859-1952）－语言哲学－研究　Ⅳ. ①B712. 51②H0-05

中国国家版本馆 CIP 数据核字（2024）第 020896 号

出 版 者：东北大学出版社
　　　　　地址：沈阳市和平区文化路三号巷 11 号
　　　　　邮编：110819
　　　　　电话：024-83680176（编辑部）　83687331（营销部）
　　　　　传真：024-83680182（总编室）　83680180（营销部）
　　　　　网址：http://www.neupress.com
　　　　　E-mail: neuph@ neupress.com
印 刷 者：辽宁一诺广告印务有限公司
发 行 者：东北大学出版社
幅面尺寸：170 mm×240 mm
印　　张：9
字　　数：152 千字
出版时间：2024 年 3 月第 1 版
印刷时间：2024 年 3 月第 1 次印刷
策划编辑：孟　颖
责任编辑：高艳君
责任校对：孟　颖
封面设计：潘正一
责任出版：唐敏志

ISBN　978-7-5517-3489-9　　　　　　　　定　价：69. 90 元

# 前　言

　　约翰·杜威（John Dewey，1859—1952）是美国伟大的教育家、哲学家，同时也是 20 世纪最伟大的思想家之一。他对美国乃至世界其他国家的教育作出了无与伦比的贡献。他的思想，不仅形成了美国继实用主义之后而起的实验主义（Experimentalism）哲学体系，而且也间接影响到新教育———所谓进步主义教育（Progressive education）。

　　然而，杜威的语言思想在国内外都较少有学者研究，如杜威本人所表述："语言作为社会指导的手段，其重要性无与伦比"①。相应地，研究杜威的语言意义理论对理解杜威思想本身及其在现代西方思想史中的地位和作用具有重要意义。"从一种宽泛的意义上说，只要将杜威哲学的核心概念'经验'替换为'语言'，这种哲学自然就融入到晚近的语言哲学的思想洪流，并由此彻底洗清因为使用'经验'这个俗套字眼而给杜威学说本身所带来的种种误会。"② 进而，语言意义理论不仅是开启杜威教育思想"大厦"的一把"钥匙"，还是杜威教育思想的"寓所"。它既与杜威的教育思想具有内在的质的统一性，又与杜威的教育行动互生互成。于此，本书将重拾西方实用主义哲学思想的语言传统主题，去探究杜威的语言意义理论及其对杜威教育思想和行动的作用和影响。

　　"杜威经验论教育哲学的形成背景"主要分析了杜威经验论教育哲学思想形成的社会背景和思想渊源。社会背景主要在于美国城市化和工业化的提速，导致了美国社会出现与社会变革相冲突的各种社会问题，教育问题表现得尤为明显。美国旧式的教育已经无法再

① 杜威. 民主主义与教育 [M]. 王承绪，译. 北京：人民教育出版社，2001：39.
② 张庆熊. 二十世纪英美哲学 [M]. 北京：人民教育出版社，2005：272.

适应社会的要求，需要对教育进行深刻反思，以使教育适应社会的发展。思想渊源方面表现为杜威的教育哲学继承黑格尔哲学和詹姆斯的机能主义思想，强调经验的统一性和连续性，反对英国经验主义那种把经验割裂开来的做法。并在摒弃黑格尔哲学中的形而上学的过程中，广泛吸收了达尔文进化论等现代科学理论。

"杜威教育哲学的经验论维度"主要介绍了杜威经验概念的历史发展，并对杜威的经验概念及其教育学意义进行阐述。杜威是在总结古希腊哲学、近代经验论和实用主义经验论这三种不同类型经验概念的基础上，提出自己的经验概念的。这种将二元对立融合在一起的经验概念，是其教育哲学理论的基础。杜威教育哲学的三个看似普通的基本命题——教育即生活、教育即生长、教育即经验的改造或改组，是有机体与环境之间相互交互影响的动态命题。它们共同揭示了教育应该在尊重儿童发展需求基础上，兼顾其内心发展，并为之提供相适应的社会条件。可以说，杜威关于教育学的几个基本命题，都是在其经验论基础上提出来的，经验贯穿这些教育命题的始终。

"杜威经验论教育哲学的人性理论"主要介绍了杜威对教育的主体——人性的理解。西方理性主义人性论认为人有一种先天的形而上学的本质，而杜威则认为人性的生成不是源于他的形而上学的本质，而是在经验的过程中得到塑造的，教育在这种塑造过程中起着重要作用。要解决教育的问题，就需要在哲学上对二元论进行清算，而这种清算主要是建立在对社会和人的理解之上的，而要把握好这种理解则必须要以杜威实用主义的经验论为基础。

"杜威经验论教育哲学的当代价值"从杜威经验论教育哲学思想的论述来看，它的理论意义在于提出了教学方法与教育内容相统一的观点，以及消解了教育价值"二元割裂"论的主张。在杜威看来，实现教育目的的前提必然是教学方法与教育内容的统一。此外，杜威经验论教育哲学思想的积极意义既体现出对传统教育的批判，又表现在其对经验与经验原则的阐述的创新，这种创新不仅贯穿在经验原则与教育理念的融合上，而且还渗透在教育哲学与经验的改造层面。

"杜威的语言哲学研究" 主要介绍了杜威的哲学思想近年来越来越受到国内外学者的重视，但是他的语言哲学却例外。其根本原因是，与分析哲学研究语言的传统不同，杜威对语言的研究兴趣不在纯语法和逻辑的语义分析上，而在对语言的经验分析和意义分析，这使他的语言哲学很难称得上是科学的语言哲学，但是杜威的实用主义的语言哲学却对逻辑实证主义、现代经验主义以及日常语言学派都构成影响，因此，研究杜威的语言哲学也具有重大意义。本书力图通过考察杜威的语言学说，揭示杜威的语言哲学与当代哲学需要的密切关系。

以上基于经验论的视角所进行的杜威的语言哲学研究，是本书著者在力图廓清杜威的教育哲学思想方面的一次探索，希望能为以后的相关研究提供些许借鉴。本书付梓之际，谨向为本书研究和出版给予大量帮助的同人和朋友表示衷心的感谢！限于时间及著者水平，疏漏难免，恳请读者不吝赐教。

著　者

2023 年 9 月

# 目 录

# 第1章 绪 论

## 1.1 选题缘由

众所周知，哲学、心理学和教育学这三门学科构成了杜威的基本知识构架。他早年专攻黑格尔，后来适逢美国实用主义兴起，转向实用主义哲学。但正如刘放桐先生所言，"他不仅进一步阐释并发展了由皮尔士（C. S. Peirce）创立、由詹姆斯（W. James）系统化的实用主义哲学的基本理论，而且将其运用于社会、政治、文化、教育、伦理、心理、逻辑、科学技术、艺术、宗教等众多人文和社会科学领域的研究，并在这些领域提出了重要创见。他在这些领域的不少论著被西方该领域的专家视为经典之作。它们不仅对促进这些领域的理论研究起过重要作用，在这些领域的实践中也产生过深刻影响。杜威由此被认为是美国思想史上最具影响力的学者，甚至被认为是美国的精神象征；在整个西方世界，他也被公认是 20 世纪少数几个最伟大的思想家之一。"①

尽管我们的教育学领域和哲学领域对杜威关于教育思想的研究各有侧重，教育学领域往往更为注重他的一些具体教育学观点，没有把这些教育学观点上升到哲学的理念上去认识，而哲学领域则更为注重研究他的实用主义学说的基本理论，而对与哲学密切相关的教育问题关注得比较少，但是在杜威那里，教育和哲学是紧密联系的。因为按照他的实用主义的立场，哲学作为理论必是实践性的，这种实践过程使哲学不再是一种抽象的话语符号，一种少数人创作情感的产物，或者某种武断的教条，哲学需要影响人的行为。而在

---

① 刘放桐.《杜威全集》中文版序言［J］. 哲学分析，2011，2（1）：186.

这个过程中，教育起着至关重要的作用。所以在杜威看来，哲学和教育是不可分的。所以他甚至这样说："如果我们愿意把教育看作通过自然和人类去塑造基本的理智倾向和情感倾向的过程，哲学甚至可以界定为教育的一般理论。"① 正是在此基础上，国内有研究者认为："杜威的教育哲学理论不仅建立在一般实用主义哲学和他自己的实用主义哲学的基础上，而且还是他整个哲学理论体系中的一个重要组成部分。可以说，他的教育学是新经验主义的教育学，是实验主义的教育学，是民主主义的教育学，是他'对哲学改造'的途径。"②

杜威一生著述颇丰，出版了 40 种著作，发表了 700 多篇论文。就教育哲学来说，最重要的著作就是《民主主义与教育——教育哲学导论》一书。从教育学角度看，有人认为这本书可"与柏拉图的《理想国》和卢梭的《爱弥儿》相媲美。……杜威教育哲学是对以往教育哲学的批判继承，又是对美国社会工业化、现代化背景下现实问题的深刻思考，并且在社会各个领域，特别是在教育实践领域产生了世界性和历史性的深远影响。"③ 但是细观杜威的这本集中于教育哲学的著作，要想现成地发现一种像体系哲学那样严密的结构，也是很困难的。其中，教育学的理念、课程设置、教育方法、哲学等紧密联系在一起，既是教育学研究的重要资料，也是哲学研究的重要资料。这样的状况很符合杜威思想的本质。他是个实用主义者，他的理论不是那种玄思的、束之高阁的纯粹学理的论证，而是实践性的。这就决定了他的哲学、教育学以及他的心理学、伦理学、政治理论等都紧密地联系在一起。

杜威哲学著述的这种状况加剧了对他的思想进行研究的艰深性。就教育哲学来说，100 多年前，杜威的思想开始传播，自 1919 年至 1921 年杜威访华，达到高峰。胡适、蒋梦麟、陶行知、蔡元培等中国现代教育的先驱者都受到过他的影响。教育即生长、教育即生活、学校即社会、民主主义等观念，对于中国摒弃旧式教育、实行新学

① 杜威. 民主主义与教育 [M]. 陶志琼，译. 北京：中国轻工业出版社，2015：325.
② 王淑华. 杜威教育哲学述评 [D]. 湘潭：湘潭大学，2009：3.
③ 张云. 教育的更新：杜威教育哲学的实质 [J]. 兰州学刊，2004（6）：326.

起到了重要的作用。由于杜威的教育思想对中国影响巨大，甚至可以说促成了中国由旧的教育向新的教育的蜕变，所以，人们对于杜威的教育学的阐述可以说汗牛充栋。但是也由于杜威思想的复杂性特点，难以梳理，所以正像有些研究者所说："就国内教育研究而言，在历史上，像杜威这样博学，涉猎领域之多，拥有几十部著作的哲学家为数不多。每位研究者常常只能从一扇小门侧身而入，管中窥豹，常常导致人们对杜威理论产生不少误解或曲解。"① 因此，有必要从哲学的角度展开对杜威教育思想形成过程的系统考察，力求走近杜威，把握杜威。

杜威对在教育过程中所出现的问题的看法，是与他的哲学思想分不开的，即他的教育哲学思想源于他的哲学思想。研究杜威的教育哲学，应从杜威的哲学理念开始，研究其在实用主义哲学理念基础上形成的教育理念、教育方法等，这具有较大的理论意义。

对杜威教育哲学思想的研究不仅有其理论意义，而且还有重要的实际意义。杜威的教育哲学的重要意义表现在对传统教育的批判与革新。传统教育纲领往往"假定一切教学都必须被某种固定的目标或目的所控制"②，往往以教师、教材为中心，不但影响学生的全面发展，而且抹杀学生的创造性。而杜威的建立在实用主义基础上的教学理论，强调培养学生的自主性、创造性，强调教学上学生的主体性，对于矫正传统教育的弊病有实际意义。如：杜威的"教育即生活""教育即生长""教育即经验的改造或改组"等主张，在使我们对美国教育有了一个更深入的理解的基础上，也对我国当前的教育有着很重要的借鉴意义。

## 1.2 国外文献综述

杜威的教育哲学思想是他整个哲学理论体系中的一个重要组成部分，而他的教育学则是他"对哲学改造"的途径。20 世纪 90 年

---

① 唐斌. 教育的经验诠释：杜威教育哲学疏论 [D]. 苏州：苏州大学，2011：2.
② 胡佳. 杜威的教育哲学 [D]. 武汉：武汉大学，2005：1.

代以前，对杜威理论研究的主要成果最重要的就是 1990 年由美国南伊利诺伊大学（Southern Illinois University）的杜威研究中心（The Center for Dewey Studies）出版的《杜威全集》，该丛书分为早期（1882—1898）、中期（1899—1924）和晚期（1925—1953）三期，共 37 卷。在学术界引起轰动。

2010—2019 年，美国学术界对杜威教育思想研究的重点主要有以下几个方面：民主教育思想，实用主义教育思想的当代意义，杜威的美学理论、宗教理论与教育思想的关系等。

以下为国外十几年来关于杜威教育思想研究的主要著作。

（1）拉里·希克曼（Larry A. Hickman）的 *John Dewey's Pragmatic Technology*（2010）。该书从当代技术哲学的问题出发，通过解读杜威思想，并比较杜威与其他思想家的异同，阐明了杜威技术哲学的当代意义。

（2）詹姆斯·坎贝尔（James Campbell）的 *Understanding John Dewey：Nature and Cooperative Intelligence*（2010）。该书依据杜威的哲学视野展开对杜威哲学思想的阐述，是一本很好的杜威哲学的导论。作者通过历史情境论述了杜威思想的目标和探寻，对初次接触杜威的读者有很大帮助。

（3）加里森（J. Garrison）、纽波特（S. Neubert）和里奇（K. Reich）合著的 *John Dewey's Philosophy of Education：an Introduction and Recontextualization for Our Times*（2012）。在这本书中，作者首先介绍了杜威的教育理论，进而通过关注三个重要的范式转变（即 20 世纪教育思想中的文化的、建设性的和交流的转变）来讨论杜威的开创性贡献。其次，作者通过将杜威的哲学与最近的 6 篇有影响力的论述（鲍曼、福柯、布尔迪厄、德里达、莱维纳斯、罗蒂）联系起来，将杜威重新置于一个与杜威生活和写作的世界截然不同的新时代的背景之中，这可以作为读者可能希望自己进行其他重构的模型。

（4）罗伯特·威斯布鲁克（Robert B. Westbrook）的 *John Dewey and American Democracy*（2015）。本书是美国罗切斯特大学历史教授对杜威思想的各个方面（如：心理学、教育学、民主主义、美学等）进行得最完整的研究和学术评价。不但阐述了其哲学思想的理论渊源，而且重新评估了杜威的民主主义思想。

（5）彼得·坎宁安（Peter Cunningham）和露丝·布隆（Ruth Heilbronn）合著的 *Dewey in Our Time：Learning from John Dewey for Transcultural Practice*（2016）。该书汇集了世界各地的主要作家，他们积极地将杜威的思想应用到了学校教育系统和教师所面临的挑战中。考虑了有关公平、社会正义、课程和教学方法、教师的作用及其专业特性等问题，并列举了美洲、亚洲和欧洲的例子。

（6）史蒂夫·希金斯（Steve Higgins）和弗兰克·克菲尔德（Frank Coffield）合著的 *John Dewey's Democracy and Education：a British Tribute*（2018）。在这本书中，一些当今最重要的历史学家、哲学家、心理学家和教育社会学家为纪念杜威的《民主主义与教育》，从英国人的角度回顾和反思杜威对我们理解教育在民主中的作用所作出的贡献。书中对教育和民主之间的当前的关系进行了批判，并探讨了杜威的代表作对教育——被他称之为"名义上的民主"——的社会中所扮演的角色的当代意义，展示了杜威的思想是如何在英格兰、苏格兰、威尔士和北爱尔兰的教育中被借鉴的。

（7）杰夫·弗兰克（Jeff Frank）的 *Teaching in the Now：John Dewey on the Educational Present*（2019）。该书作者通过仔细阅读杜威的《经验与教育》一书，对其进行了重新的解读，让初识杜威或了解杜威的读者重新感受杜威的经验与教育对当代教学的影响。

（8）吉姆·贝努尼亚克（Jim Behuniak）的 *John Dewey and Daoist Thought：Experiments in Intra-cultural Philosophy*（Vol. 1）（2019）。该书以杜威的文化转向为基础，提出了一种文化内的哲学，并将道家思想作为一种资源来帮助重建过时的假设，这些假设继续塑造着我们现在的思维方式。

（9）亨利·考尔斯（Henry M. Cowles）的 *The Scientific Method：an Evolution of Thinking from Darwin to Dewey*（2020）。该书阐述了科学方法的惊人历史（从思维的进化到一系列简单的步骤）以及 19 世纪心理学的兴起，探究了从达尔文的自然选择理论到杜威的科学教育观相互交织的历史。而心理学家则把科学方法重新想象为一种解决问题的途径，这是有助于人类兴盛的基本特征。

（10）奥贝尔托·格隆达（Roberto Gronda）的 *Dewey's Philosophy of Science*（2020）。这本书对杜威的科学哲学作了统一的论述，并论证了其与当代争论的关联。该书从理论角度出发，从经验、语言、探究、建构和现实等方面阐述了杜威的哲学思想。通过这条路线，解决了关键的哲学问题，如：语言的本质、经验的概念、逻辑建构主义的概念、对表征主义的批判以及科学实践的本质等。

"作为实用主义复兴的标志，以上所列的成果只能是沧海一粟，但按照美国学者安乐哲教授的看法，这些著作是彰显杜威理论贡献的最好著述。"[1] 上述论著从一个侧面客观地反映出当代哲学界对杜威哲学思想研究的最高水平。

## 1.3　国内文献综述

2000—2019 年，国内学术界对杜威思想的研究主要从以下四个方面展开。

### 1.3.1　马克思哲学与杜威哲学的比较研究

20 世纪初的新文化运动，将西方各派哲学思想引入中国。其中影响最大的为以李大钊、陈独秀等人为代表推崇的马克思主义和以杜威的学生胡适为代表推崇的融汇西方各派哲学的实用主义理论。这也是马克思主义在中国传播和发展过程中所必须要处理的问题，也就是处理马克思主义与杜威实用主义之间的关系。长期以来，"学界关注的多是杜威与马克思之间的冲突"。[2]

10 多年前，国内重新开始了对马克思哲学和杜威哲学的比较研究，认为马克思哲学与杜威哲学都是实践哲学。从对传统哲学的改造方式来看，前者以实践为基础，通过批判唯心主义和旧唯物主义哲学，实现了对传统"二元论"的超越。而后者则以"一元的经验

---

① 唐斌. 教育的经验诠释：杜威教育哲学疏论［D］. 苏州：苏州大学，2011：11.

② 涂诗万. 重新发现杜威：中国近 20 年杜威研究新进展［J］. 中国人民大学教育学刊，2016（3）：92.

论"为基础，主张利用科学探究实验的方法来改造传统的"二元哲学"。不同的改造方式获得了不同的结果，前者是一种以"实现人类解放的科学性与革命性相统一"为目标的哲学，而后者则是一种个体寻求应对环境生存的哲学。此外，在实践的本质和认识论、价值论等方面，二者都有不同的主张，存在着本质的区别。通过对二者的比较研究，可以促进马克思主义的发展。

以"杜威"和"马克思"为题的论文，2007—2019年共22篇。最早的一篇文章是中国社会科学院哲学所刘悦笛研究员的《马克思的"生活美学"——兼与维特根斯坦、杜威比较》，通过将马克思主义美学与杜威的实用主义进行比较，为马克思主义美学开辟出新的道路。其次是复旦大学吴猛的《杜威"经验"概念与马克思"实践"概念之比较》，文章通过分别解读杜威的"经验"概念和马克思的"实践"观念，考察了二者之间的异同。二者的共同之处在于对西方传统哲学尤其是近代主体哲学的批判。不同之处在于两个概念的主旨和内涵是不同的，这导致了二者之间的巨大差异。第三是复旦大学刘放桐教授的《发展着的马克思主义与多维视野下的杜威实用主义》《对杜威来华访问的马克思主义解读——纪念杜威访华百周年》《杜威在西方哲学上的"哥白尼式的革命"——与康德和马克思的比较》，以及《再论重新评价实用主义——兼论杜威哲学与马克思哲学的同一和差异》等一系列文章。通过深入解读杜威实用主义，找到其中体现时代精神的发展要素，进而促进马克思主义的丰富和发展。

## 1.3.2 中国传统文化与杜威教育思想的比较研究

2001—2019年，以"杜威"和"中国"为关键词的主题搜索，共有论文22篇。如：山东大学黄启祥的《实用主义哲学的传播与影响——中国教育思想界对美国实用主义的引介与发展》、南京政治学院陶海萍和李婧的《浅析杜威实用主义教育思想与中国教育发展》等，考察了新文化运动以来，杜威的实用主义理论对中国教育的影响。

### 1.3.3 对杜威教育思想的研究

#### 1.3.3.1 国内期刊论文分析

（1）对杜威民主主义教育思想的研究。

许多学者的研究指出，在美国诸多教育思想家中，杜威的民主主义的教育思想是对美国的教育理论影响最大的。"1998 年，国家行政学院教授朱国仁旗帜鲜明地指出：'民主主义教育思想是杜威整个教育思想的核心，应倡导教育为民主社会培养合格公民。' 2002年，单中惠的《现代教育的探索———杜威与实用主义教育思想》出版，这本书是中国近 20 年杜威教育思想研究的代表作。单中惠明确指出：'杜威是一个民主主义者，杜威的民主主义信念是其实用主义教育思想形成过程中的一个重要因素'。此后，越来越多的研究者从民主的角度阐发杜威的教育思想。"① 如：对杜威"教育无目的论"的研究、结合杜威思想研究公民教育、通过历史比较进行研究，以及对杜威政治哲学的比较研究等。本领域的研究成果相对来说较丰富一些。

（2）关于杜威教育哲学思想的研究。

2011—2019 年，以"杜威"和"教育哲学"为关键词的有关杜威教育哲学的研究论文共有 46 篇。其中具有代表性的是沈阳师范大学王凤玉教授与华东师范大学单中惠教授的《世界教育学者眼中的〈民主主义与教育〉》和北京师范大学石中英教授的《杜威教育哲学论述的方法》。

在第一篇文章中，作者总结了世界各国学者在杜威的《民主主义与教育》一书出版后，对该书的主要研究成果。认为：该书是杜威最重要的、学术影响最广泛的一本教育经典著作。该书的形成背景"可大致归结为三个方面：芝加哥大学实验学校的教育实验活动；在哥伦比亚大学师范学院任教后的继续研究；当时美国社会的进步教育运动。"② 对该书主要内容的探讨主要集中在民主、教育、哲学、

---

① 涂诗万. 重新发现杜威：中国近 20 年杜威研究新进展 [J]. 中国人民大学教育学刊，2016（3）：98.

② 王凤玉，单中惠. 世界教育学者眼中的《民主主义与教育》[J]. 教育研究，2016，37（6）：121.

心理等方面。认为该书的学术影响广泛而深远，并确立了一种新的教育哲学基础。

在第二篇文章中，作者围绕杜威教学哲学论述的方法展开研究。认为："尽管杜威在自己的著作中没有对教育哲学的研究方法问题进行过专门的论述，但是他在展开自己的教育哲学论述过程中，综合使用了现象学方法、发生学方法、概念分析法、辩证法以及反省思维等多种方法。"① 多种论述方法的使用使得杜威在将问题作为一个具体的、不断变化的整体看待的同时，强调情境、解决方法及连续性等问题的重要性。通过对杜威教学哲学论述风格的探究，可以更好地理解和把握杜威教学哲学论述的内容。

（3）关于杜威职业教育思想的研究。随着人们对杜威思想研究的深入，他的职业教育思想也开始为人们所关注。2011—2019 年，以"杜威"和"职业教育"为关键词的有关杜威职业教育思想的研究论文共有 29 篇。其中既有关于杜威职业教育思想的总体表述（如：首都师范大学丁永为的《职业教育与民主——论杜威职业教育思想的当代意义》，华东师范大学顾彬彬的《教育的职业观——杜威的职业与教育的思想》等），也有就杜威的某一具体论点或社会某一现象而进行的深入探讨（如：山东师范大学高营的《杜威"做中学"教育思想及其对我国职业教育教学改革的启示》，华东师范大学张丹宁的《杜威职业教育理论视域下的现代学徒制诠释》等）。此外，还有对杜威职业教育思想的发展历程的研究（如：北京师范大学张斌贤的《1906—1917 年美国职业教育运动学术史》等），以及与他人的职业教育思想进行比较的研究（如：北京师范大学高山艳的《杜威与普洛瑟职业教育哲学思想比较及反思》等）。

（4）关于进步主义教育的研究。关于进步主义教育的研究论文在 2011—2019 年共有 11 篇（以"杜威"和"进步主义"为关键词）。如：河南师范大学涂诗万的《杜威高等教育思想中的"进步主义"》，南京师范大学杨靖的《"美国天才的最伟大最完全的体现者"——杜威民主教育思想研究》，华中师范大学徐莉的《教育是什么——在工业文明即将远去时重读杜威》等。

---

① 石中英. 杜威教育哲学论述的方法 [J]. 教育学报, 2017, 13 (1): 3.

1.3.3.2 国内学位论文分析

从学位论文的关注主题也可以觉察到一定时期内的研究热点。经检索（以"杜威"为关键词），在国内杜威研究领域，1990—2017 年有博士学位论文 51 篇。这些学位论文的分布状况见表 1-1。

表 1-1 国内杜威研究领域学位论文的分布状况

| 时期 | 1990—1999 年 | 2000—2009 年 | 2010—2017 年 |
|---|---|---|---|
| 篇数 | 3 | 24 | 24 |

从表 1-1 可以看出，20 世纪 90 年代是国内研究杜威的起步期，随后相关杜威的博士学位论文迅速增加。在这些博士论文中，关注杜威教育理论的博士论文为 5 篇（以"杜威"和"教育"为关键词），分别为华中师范大学张玉琴的《杜威审美经验论的教育意义探索》、复旦大学郑国玉的《杜威：作为生活方式的民主——论杜威在政治哲学上的变革》、中国人民大学孔祥田的《经验、民主与生活——杜威政治哲学研究》、复旦大学张云的《经验、民主和教育——从历史唯物主义的视角看杜威的教育哲学》，以及苏州大学唐斌的《教育的经验诠释：杜威教育哲学疏论》。这几篇论文分别从杜威的美育思想、政治哲学、教育哲学，从历史唯物主义视角等不同方面进行了研究。

复旦大学张云博士的《经验、民主和教育——从历史唯物主义的视角看杜威的教育哲学》是其中讨论杜威哲学思想较多的一篇博士论文。作者从马克思的历史唯物主义出发，通过对杜威教育哲学中的基本原则"连续性原则"及主要概念进行探究，对杜威的教育哲学思想进行了深入解读，并阐明了杜威教育哲学的历史地位与当代意义，认为杜威的教育哲学是"西方教育哲学史上的第四块里程碑"。①

苏州大学唐斌的《教育的经验诠释：杜威教育哲学疏论》是讨论杜威教育哲学思想最多的一篇博士论文。作者认为："杜威的哲学是建立在他的新的经验概念的基础之上的，通过对历史上各种哲学的批判，杜威构建了一种超越二元对立的经验理论。"② 进而提出了

---

① 张云. 经验、民主和教育：从历史唯物主义的视角看杜威的教育哲学 [D]. 上海：复旦大学，2005：1.
② 唐斌. 教育的经验诠释：杜威教育哲学疏论 [D]. 苏州：苏州大学，2011：1.

他的教育理论，并构建了完整的教育哲学思想体系。在剖析了杜威经验概念及其教育意义的基础上，分别从教育本质论、教育价值观、教育方法学等方面，深入解读了杜威教育哲学的主要思想。

其他三篇博士论文则分别从美育思想和政治哲学的视角对杜威的哲学思想进行解读。

硕士论文方面，通过中国知网检索（以"杜威"为关键词），共检索到硕士论文 283 篇（1980—2019 年）。其研究主要分为以下几个方向：第一，杜威哲学思想论述，如：南京大学陈源博的《杜威的经验哲学》、西南大学谭景峰的《改造传统哲学的知与行——杜威确定性寻求思想探究》、广西师范大学王贞的《杜威实用主义哲学研究》等；第二，杜威教育理论论述，如：复旦大学陈欣的《"经验"与"成才"——杜威教育哲学研究》、武汉大学胡佳的《杜威的教育哲学》、黑龙江大学杜文丽的《民主与教育：杜威教育哲学初论》等；第三，杜威实用主义哲学思想与其教育哲学思想的关系，如：苏州大学邰杰的《基于经验的杜威教育哲学基本命题之研究》、西北大学侯焕的《情境理论：经验哲学的自我完成——杜威情境理论研究》等；第四，杜威教育理论在学校教育中的应用，如：曲阜师范大学刘新龙的《杜威价值哲学思想及其对价值教育的启示》、南京师范大学杨颖慧的《杜威关系性哲学视野中的新个人主义及其对儿童教育的启示》、内蒙古师范大学桑志坚的《杜威教育哲学的人生视野及其启示》；第五，基于马克思哲学视角对杜威哲学的解读，如：复旦大学吕文伟的《创造者的培养——基于马克思哲学立场评杜威价值哲学的要旨》、燕山大学杨慧玲的《马克思与杜威的教育哲学比较研究》等。

陈源博的《杜威的经验哲学》从杜威哲学的理论来源出发，通过分析杜威经验理论来阐述杜威哲学各个部分及它们之间的相互作用。其论述内容包括：杜威哲学的思想来源、杜威哲学的特点、杜威经验哲学的理论核心及经验方法等。

邰杰的《基于经验的杜威教育哲学基本命题之研究》在探讨影响杜威教育哲学思想产生的渊源的基础上，分析了经验概念的内涵和外延，进而通过详细考察杜威的三个教育命题得出对当代教育的启示。

杨慧玲的《马克思与杜威的教育哲学比较研究》在对马克思的教育哲学进行详尽分析的基础上，深入挖掘了马克思和杜威的教育哲学思想的异同，并得出对当今教育的启示。

### 1.3.4 对杜威的伦理学、美学和宗教思想的研究

通过对该领域的研究，人们意识到：杜威思想的更深层次的基础是对人的价值和尊严的重视。如：首都师范大学蔡春和易凌云的《在"境遇"中"生长"——论杜威的伦理与道德教育思想》，文章以"经验、工具、民主三大观念为轴心，以实验、反省、民主三大方法为线索来阐明杜威的伦理与道德教育思想，并获得对我们道德教育实践有所裨益的几点启示。"[①]

对杜威美学思想的研究较多，研究内容主要集中在对杜威美学思想成因的分析、与他人美学观的比较、对杜威美学观的深入解读等方面。如：郑州大学李怡汶的《杜威美学思想形成原因分析》，认为杜威提出的"艺术即经验"的理念中，"经验"是其美学思想的核心，并从当时美国社会的发展状况、杜威的实用主义哲学理论等方面分析了杜威美学思想形成的主要因素。浙江大学徐岱的《伦理经验与诗性意义——杜威美学及其价值的再审视》，从杜威的经验理论入手，利用探究理论，解读其艺术观和美学思想，并将杜威的美学思想归结到伦理经验和诗性意义两个关键因素上。河南大学张会平的《艺术经验的阐释——读杜威美学》，也对杜威美学思想进行了解读，认为杜威的"艺术即经验"的美学思想具有开创意义，是杜威对传统美学思想的革命性的突破和超越。讨论了杜威美学思想的巨大价值，也指出了杜威美学思想中的不足。

对杜威宗教观的研究主要有以下几篇文献。北京大学常宏的《杜威的宗教观》，文章通过区别杜威晚年发表的阐述自己宗教观的《一种共同信仰》一书中的"宗教"和"宗教的"两个概念，阐述了杜威在其一元论哲学体系中对传统宗教的二元论论证方法的批判

---

① 蔡春，易凌云. 在"境遇"中"生长"：论杜威的伦理与道德教育思想 [J]. 集美大学学报，2004，5 (3)：18.

是最后完成的，并阐明了共同信仰的内容和实现途径。山东大学赵秀福的《评杜威的宗教观》，文章认为杜威晚期的代表作《艺术即经验》是对哲学界各种批评的回应和反驳。杜威将美学思想中"圆满的经验"概念引入其宗教观，他对宗教问题的关注不是为了学术研究，而是为了让基督教等各教派摒弃超自然的权威，去关心普通人的疾苦，进而成为杜威的民主主义的一部分。

总结以上国内学者对杜威教育思想的研究，主要形成了这五大方面的结论：一是杜威的教育思想重视个人，但他理想中的"个人"是新个人主义的个人；二是杜威的教育思想重视社会，但杜威社会思想的重点是不断改善社会；三是杜威的教育思想重视生活，而他心目中的生活是用民主的生活方式去改造绝对主义的生活方式，是用内在超越的生活去改造分裂的生活；四是杜威的教育思想重视改造，教育本身就是对经验持续不断地改组与改造；五是民主与教育双向改造和双向转化的结果是把民主作为生活方式。但也还存在有待深化的地方。例如缺少从哲学、宗教、美学等多重角度对杜威教育思想的综合研究。因此，从哲学的角度，从经验论的立场进行研究，就构成本书研究杜威教育哲学思想的一个缘由。

## 1.4 研究思路

本书在前人研究的基础上，力图廓清杜威的教育哲学思想。杜威的教育哲学是实用主义思想的重要组成部分。正像前面所说，他的思想并不表现为一种体系化的玄理，而是和实际紧密结合的，教育思想尤其如此。所以在论述杜威的教育哲学时，弄清楚它所要解决的问题是很重要的；不仅如此，他的教育思想与他的实用主义的经验主义连为一体，甚至他直接把教育看成一种"经验的改造"，所以，弄清楚其实用主义立场上的经验概念，是理解其教育思想的重要一步。而且杜威对于人的理解也不是像西方理性主义的人性论那样，承认人有一种先天的形而上学本质，人是在经验的过程中得到塑造的，而教育在这种塑造中起着极为关键的作用，所以搞清楚杜威对于人的理解，也是理解其教育思想的重要一环。杜威的独特的教育理念，正是在此基础上提出来的。因此本书主要按照以下思路顺次展开论述：第一，论述杜威实用主义教育思想所要解决的问题。面对当时美国社会的整体转型，教育改革不可避免地成为其中的一个重要部分。杜威将实用主义哲学、机能心理学理论与教育实践活动相结合，构建起了实用主义教育理论体系。第二，阐述杜威的生平与杜威教育哲学的思想渊源。重点考察黑格尔、詹姆斯以及现代科学的发展对杜威思想的影响。"在黑格尔主义的影响下，杜威完成了由抽象的人向现实的人转变，从而确立了人之本性的社会向度。在进化论、詹姆斯等人的影响之下，杜威又完成了由现实的人向具体的人的转变。"① 第三，由于杜威教育哲学建基于其经验主义特别是其中的经验概念之上，所以本书考察了杜威经验概念的发展历史。先后探讨了以亚里士多德为代表的古希腊经验概念和以培根、洛克为代表的英国经验论的经验概念。考察了杜威经验论对传统经验论的批评与经验概念的扩展。杜威的经验概念就是在此基础上提出的，进而构建了自己的教育哲学理论，并对杜威教育哲学的几个基本命题——教育即生活、教育即生长、教育即经验的改造或改组等进行专题论述。第四，论述了杜威对教育的主体——人性的理解。西方理性主义人性论认为人有一种先天的形而上学的本质，而杜威则认为人性的生成不是源于他的形而上学的本质，而是在经验的过程中得到塑造的，教育在这种塑造过程中起着重要作用。要解决教育的问题，就需要在哲学上对二元论进行清算，这种清算主要是建立在对社会和人的理解之上的，要把握好这种理解则必须要以杜威实用主义的经验论为基础。第五，对杜威经验论教育哲学的当代价值进行了归纳，主要介绍了杜威的教育哲学思想在教育学界具有重要的影响和意义。杜威经验论教育哲学的创新价值表现为"经验原则与教育理念的融合""教育哲学与经验的改造"，杜威经验论教育哲学思想的理论意义体现在"教育目的论与道德教育论相汇通""消解教育价值中的'二元割裂'论"，杜威经验论教育哲学思想的实践价值体现为在教育过程中要注重"个人教育与社会生活相结合""教学方法与教育内容相统一"。

---

① 唐斌. 教育的经验诠释：杜威教育哲学疏论［D］. 苏州：苏州大学，2011：1.

# 第 2 章　杜威经验论教育哲学的形成背景

　　杜威的教育哲学的实用主义倾向决定了其既具有理论性，同时又直面社会的教育问题，具有很强的现实针对性。在当时，美国的教育已经难以适应美国社会整体转型的需要，暴露出其一系列弊端。主要在于美国旧式教育是建立在对社会理解的二元分裂之中，这就使得"充分而灵活的社会互动和交往受到了阻碍。"① 突出表现为"劳动与闲暇的对立、实践活动与智力活动的对立、人与自然的对立、个性与社会性的对立、文化修养与职业的对立。"② 这些对立直接影响着教育的理念，并进一步影响着教育从形式到内容的各个环节。在杜威看来，这些对立实际上在传统哲学上都有表现，体现为哲学上的二元对立，比如心灵与物质、身与心、心灵与世界、个人与他人等方面的对立。所以，杜威认为，要解决教育的问题，也就需要在哲学上对这些二元论进行清算。在这种清算过程中，杜威继承了黑格尔内在统一论的思想、达尔文进化论的进化思想以及詹姆斯机能主义心理学的思想，进而形成自己的实用主义和经验论思想。

## 2.1　杜威经验论教育哲学的社会背景

　　19 世纪 60 年代，北方在南北战争中取得了胜利，使得资本主义在美国国内获得迅速发展，随之而来的是城市化和工业化的提速，这直接导致美国社会出现与社会变革相冲突的各种社会问题，教育问题就是其中之一。教育是要适应社会的，但是在当时的社会变革中，美国旧式的教育已经无法再适应社会的要求，这就产生了社会

① 杜威. 民主主义与教育 [M]. 陶志琼，译. 北京：中国轻工业出版社，2015：319.
② 同①.

发展的需要与旧式教育无法满足这种需要的矛盾。于是，社会上的有识之士开始对教育进行深刻反思，并纷纷提出各种教育革新的理念主张。

### 2.1.1 美国社会的深刻变革

发生在工业革命后的美国南北战争（1861 年 4 月至 1865 年 4 月），对美国的社会进程产生了极为重要的影响。战争以北方胜利而告终。通过该场战争，不仅废除了影响劳动力流动的奴隶制度，而且实现了国家统一，为资本主义的迅速发展扫清了障碍。由此，美国进入了一个社会各领域都发生深刻变革的时代，教育的变革也包含在其中。

#### 2.1.1.1 教育变革与发展的动力

纵观人类社会发展的历史，人类社会总是在不断变革的过程中逐步前进。在这一过程中，生产力的提升经常发挥决定性的作用。美国南北战争后，第二次工业革命初露端倪。由电力技术革新引领的电力、无线电、内燃机等领域的技术革新迅速地使美国由"蒸汽时代""纺织时代"跨越到"电气时代"和"钢铁时代"。第二次工业革命通过技术革新，大大地提升了社会生产力，促进了资本的迅速积累，由此导致传统的社会生产关系和思维方式都发生了重大改变。同时，技术的迅猛发展对劳动者的技术和教育水平的要求也越来越高，这就对当时的社会教育提出了更高的要求。而彼时的学校教育体制仍旧是服务于古典人文教育的，是与社会生活完全隔绝的传统教育体制。随着科学技术的迅猛发展，社会对教育改革的呼声越来越高，甚至开始有资本家投资教育，以培养适应社会需求的人才。

#### 2.1.1.2 美国所执行的移民政策

由于美国执行自由的移民政策，随着工业革命的深入，美国本土的劳动力远远不能满足工业化的需求。从 1860 年到 1920 年，美国迎来了第二次移民浪潮，有 3000 多万移民来到美国。移民来源国也从传统的英国、爱尔兰、德国和斯堪的纳维亚半岛国家，渐渐地变为以东南欧的意大利、波兰、匈牙利等国家为主。这些移民在将本国先进的生产技术带到美国的同时，也为美国社会提供了大量的劳动力，有力地推动了美国经济的发展。

但问题随之出现，一方面是科学技术迅速发展，大部分移民较低的受教育程度导致他们不能胜任新的工作，需要付出大量的培训成本；另一方面是新移民强烈的文化意识导致其在美国的社会认同过程受阻。

由于新移民的价值观与美国主流价值观不同，他们备受歧视，强烈地希望能改变现状，融入美国社会。此时，教育就成为他们寄予厚望的一种方式，这进一步增加了社会对学校的要求。"一方面，学校的建设要能够满足社会发展的需要，不断扩大社会成员受教育的机会；另一方面，社会将教育作为一种同化手段，目的是'按照美国人的生活和思维方式来训练他们，使之'美国化'并增强本土意识'。"①

### 2.1.1.3　快速的城市化进程促进教育变革

正如中国改革开放后加速的城市化进程，美国在 19 世纪中期就开启了它的城市化进程。大量的农村人口和外国移民迅速进入城市，美国迅速由以传统农业为主的农业国家转变成为以工业立国。大量外来人口的涌入给学校带来了巨大的压力，同时也是强劲的动力。在当时，美国的教育体系还相当落后，教育质量低下，因此受到了广泛的批评。

在此背景下，杜威觉察到了改革教育体系的必要性，并适时地提出了自己的教育哲学思想。

## 2.1.2　美国"传统教育"的弊端

1899 年，杜威在《学校与社会》（*The School and Society*）一书中首次提到了"传统教育"这一概念。而在 1916 年出版的《民主主义与教育》一书的第六章，杜威专门将以赫尔巴特（Johann Friedrich Herbart）为代表的"传统教育"与他的"进步主义教育"进行了对比。

如果对"传统教育"不作确切的说明，那么杜威将"传统教育"的内容总结为以下 3 点："第一，把过去已经拟定好的知识和技

---

① 臧兴妍. 论约翰·杜威实用主义教育思想［D］. 长春：吉林大学，2008：6.

能的体系作为教材，因而，学校的主要任务是把这些知识和技能的体系传授给新的一代。第二，在过去，建立了各种行为的标准和规则；道德训练就是形成符合这些标准和规则的行动的习惯。第三，学校组织的一般模式（我所指的是学生之间的关系和师生之间的关系），同其他社会机构相比，具有极为显著的特征。"① 从上述表述可以看出，"传统教育"的主要目的是让学生从已经建立好的教材框架中，学习到用于应对未来生存的知识和技能。由于教材是被以公认的好的标准制定出来的，所以学生们必须抱着完全接受的态度来学习这些知识，不能反抗和不满。教师的作用是将教材和学生很好地结合在一起，起到传授知识和规范行为的作用。

杜威尖锐地指出了"传统教育"的缺陷。杜威的"进步主义教育"就是由于他对传统教育感到不满而兴盛起来的，"进步主义教育"的兴起就是对传统教育的批评。在《民主主义与教育》一书中，杜威明确指出，"简而言之，赫尔巴特的哲学考虑的一切事情，惟独没有考虑教育的本质"②，其"缺陷在于忽略了活生生的人具有许多主动的和特殊的机能，这些机能是在他们应对环境时所发生的转向和合作中发展起来的。"③ 具体来说，以赫尔巴特为代表的"传统教育"的弊端如下。

（1）学校与社会脱节。

（2）学校设置的课程与儿童需求和现实生活脱节。

（3）学校教育是被动的灌输式教育。

（4）教师是教育的强制执行者。

由此，儿童不可避免地出现厌学情绪，而教师就必须用更严厉的方式来管理儿童。对此，杜威批评道："由强迫而造成的宁静和顺从，可使学生掩盖他们的真正的性质。这种宁静和服从将会形成虚假的一致性。"④ 这种强迫和管教严重地妨碍了儿童心智的发展，必须加以废除。

"传统教育"中的教师观也是为"进步主义教育"所诟病的，

---

① 杜威. 我们怎样思维·经验与教育［M］. 姜文闵，译. 北京：人民教育出版社，2005：243.

② 杜威. 民主主义与教育［M］. 陶志琼，译. 北京：中国轻工业出版社，2015：72.

③ 同②：76.

④ 同①：275.

但"进步主义教育"中的教师观在具体实行过程中并未得到真正贯彻。由此,杜威也指出:传统的教师观必须得以纠正,学校教育才能够成为人类实现更美好生活的工具,否则,其负面影响是永不能消除的。

杜威不仅对传统教育进行了直接的批评,并且进一步将这种教育的理念与传统哲学的二元论联系起来。在他看来,实际上社会是一个经验不断增长、革新的连续过程,在这个过程中群体和个体得以更好地延续。"教育就是社会群体赖以维持其持续生存的过程",或者说"是通过传递过程使经验意义得以更新的过程。"① 但是,由于经验被划分成了不同的领域,社会被划分成了不同的阶级和集团,这就很容易割裂社会的连续性,产生各种各样的二元对立。比如,实践与理论、人与自然、人的个性和他的社会性、文化修养和职业训练、劳动与闲暇等,均有对立。传统教育的那些弊病,往往和人们的这种割裂意识或二元意识相关。片面重视知识传授而忽视社会生活、片面重视职业训练而忽视修养、片面重视社会性而忽视个性等,都是分裂的表现。杜威甚至认为人们对经验、对社会的这些分裂的理解,是和哲学上的二元论的立场相联系的。心与物、心与身、心与世界、个人和社会等,这些本来联系的东西被传统哲学割裂开来了。传统哲学把心从包含它的各种活动(包括物质环境、身体器官、各种物质工具及自然物体等)中独立出来,形成了各种重要的二元对立。要真正地实现对传统教育的弊病的克服,消解这些二元对立是至关重要的。而消解的关键点就是破除将心灵独立起来并形而上学化的做法,从经验出发,强调经验、社会的连续性、整体性,也就是确立一种新的实用主义的经验观。

## 2.2 杜威经验论教育哲学的思想渊源

我们知道,杜威的教育哲学是建基在其实用主义立场和在此立场上的经验主义之上的。杜威的经验主义不同于传统的英国经验主义。英国经验主义把经验分离为各种原子式的观念,认为经验即这

---

① 杜威. 民主主义与教育 [M]. 陶志琼,译. 北京:中国轻工业出版社,2015:318.

些观念的组合。但是杜威的经验主义却不是这样的。他继承了詹姆斯的思想，强调经验的统一性和连续性，反对英国经验主义那种把经验割裂开来的做法。而这种强调统一性、连续性和整体性的做法，都直接或间接地来源于黑格尔的影响。詹姆斯和杜威都受到了黑格尔的影响。不仅如此，杜威的经验主义又直接师承詹姆斯，受到了詹姆斯《心理学原理》的启发。但是，无论是詹姆斯还是杜威，对黑格尔的那种绝对主义是拒斥的，他们反对黑格尔将整个世界归结为某种绝对的、超经验的原理，而是把整个世界归为一个变化发展着的经验的世界。在这个方面，他受到了经验科学特别是进化论的影响。所以总体来说，杜威继承了黑格尔哲学中强调统一性、连续性等的思想，同时反对其理性的绝对主义立场，坚持了经验论立场，并将统一性、连续性的思想贯彻到对经验的理解上，克服了传统经验论的弊病，建立了其新的经验论。因此，在对杜威教育哲学溯源的同时，有必要弄清其受黑格尔、詹姆斯、达尔文等人的影响，这有助于我们理解杜威哲学是如何从绝对主义发展为实验主义和经验主义的。

具体说，学术界一般把杜威哲学发展按照时间顺序分为三个阶段（早期、中期和晚期）。早期（1882—1903）：思想形成期。受黑格尔影响，对统一性（unity）与连续性（continuity）的追求，贯穿其整个哲学思想，并萌发了实用主义和逻辑理论。中期（1904—1925）：杜威认定经验的方法为适当的哲学方法，并据此考察经验与自然的关系，形成经验的自然主义，进而构建了整个哲学方法和体系。晚期（1926—1952）：立足于经验论，转向对宗教经验和审美经验的研究。

## 2.2.1 杜威教育哲学的思想渊源之一：黑格尔学说

大学期间，英国达尔文主义者赫胥黎教授的生理学著作使杜威对哲学产生了浓厚的兴趣。攻读博士期间，杜威受莫里斯（G. S. Morris）教授的影响，逐渐成为一名黑格尔主义者。我们知道黑格尔曾经批评英国经验论和康德哲学，一方面说它们都是知性哲学，没有真正实现世界的统一性，更主要的是批评它们没有建立起一个统一世界的原理。应该说，黑格尔主义继承了黑格尔的强调统一性、强调连续性这样一种观念，但是更为注重对意识、经验等的分析。杜威从不否认莫里斯对他的影响，他说："尽管我很早以前就背离了莫里斯的哲学信念，但我十分乐意地承认，他的教学精神对我有着持久的影响。"① 莫里斯站在黑格尔统一性的立场，认为英国经验主义哲学"没有给出一个关于经验的令人满意的描述，缺乏关于知识起源和范围的心理学理论。"② 其实在黑格尔那里，也有对经验论的批评。他认为，英国经验论是一种外在的经验论。它把感觉经验分解为各种观念元素，实际上是把经验的统一体割裂了。黑格尔主义者以及许多理性主义者都意识到英国经验论的这种弊病，对此进行了批评，普遍认为它是一种"元素主义"、多元论。这种对英国经验论的批评，使杜威意识到，我们应该用联系的、整体的观点替代这种观点。但同时也意识到，黑格尔主义的那种超出经验而寻求超验原理的做法也不合理，所以应该拒绝先于知识的感觉概念和超越知识的物自体概念。

这就需要既保留经验的立场，又要克服英国经验论对经验解释的那种分裂的做法，重新解释经验。在此期间杜威也对康德哲学进行了研究。研究发现，康德摈弃了仅将经验局限于感知层面的哲学方法，把经验作为知识的对象，自身包含先天的知识范畴，使得经验概念由纯粹的被动接受状态转变为拥有主观创造性的概念。杜威认为，康德的哲学方法中存在着使经验概念发生转变的可能性："康德的准则就是这样的一个转折点，它是旧的抽象思维的一种变更，它体现为旧的无意义的经验概念开始转为一种新的具体的思想，开始形成一种愈益成长、愈益丰富的经验概念。"③

然而，康德哲学方法建立的基础是相抵触的。它是建立在两个完全对立的理性主义与经验主义的基础之上的。理性是没有内在区别的、同一的，而彼时的经验主义则是完全被动、接受性的。二者是完全对立的。因此，他的哲学方法实现的统一不是真正意义上的统一，是理性的综合统一，是一种"分裂的统一"。虽然康德解释了

---

① 简·杜威. 杜威传［M］. 单中惠，译. 合肥：安徽教育出版社，1987：62.

② 张梅. 杜威的经验概念［D］. 上海：复旦大学，2008：14.

③ MCDERMOTT J J. The philosophy of John Dewey［M］. Chicago：University of Chicago Press，1973：24.

将理性应用于感觉材料（即经验），但由于二者之间牵强的、外在的关系，不能实现真正的统一。杜威认为：康德及其以前的哲学方法失败的原因就在于："在以前的理论中思想是纯粹分析的；在康德的理论中思想是纯粹综合的。如果思想既是综合的又是分析的，按照其本性既进行区分又加以整合，既肯定又否定，同时将自我与他者相关联，那么这困难就不会发生。"①

最后，从黑格尔那里，杜威找到了实现真正内在统一的可能。康德的独立于理性存在的感觉材料被黑格尔视为包含于理性内部的自身的差别性，是理性展现自身真理性的必不可少的阶段。只有经过此阶段才能实现理性完整的真正内在的统一，即完成对理性自身的认知，达到真理。因此，黑格尔的哲学方法是"完成了的哲学方法"②。

主体与客体关系也是杜威重点阐述的内容之一，在对二者之间的关系进行论述的时候，杜威借用了黑格尔理论中的关于有机整体的概念："经验是逼真的不是抽象的。精神的生活是这种经验的最充分的表现。新的心理学以从这种经验获得它的逻辑为满足，而不强使它（经验）合于某些先入的抽象的观念，以损害后者（经验）的神圣与完整。它需要事实的、方法的、生活的逻辑。"③ 从上述表述可以看出莫里斯对杜威经验概念的提出的影响，杜威的经验概念是要从经验出发，通过新的心理学发展出一种新的逻辑，通过这种逻辑在经验与某些抽象的观念之间建立联系，而不是人为地划定经验的范畴。黑格尔的辩证法被杜威用来区分存在和思想（黑格尔主义的奠基石），杜威认为此过程是在自我意识内部完成的。

黑格尔对杜威思想的影响是贯穿始终的，将其总结发现："在杜威看来，黑格尔对康德的有益的改正是反对物自体而采用了有机的统一体（有机整体）概念，但他的辩证法不能达到其解释所有的精神实在的目标。"④ 黑格尔的辩证法中的实体是一个预先设定好的完

---

① 张梅. 杜威的经验概念［D］. 上海：复旦大学，2008：16.

② MCDERMOTT J J. The philosophy of John Dewey［M］. Chicago：University of Chicago Press，1973：22.

③ DEWEY J. The collected works of John Dewey（1882—1953）：the early works，1882—1898：Vol. 1［M］. BOYDSTON J A，ed. Carbondale：Southern Illinois University Press，1967：43.

④ 同①：18.

全假想的实体，为赋予其内容，需要通过辩证的方法为其预设经验。其结果是不能解释具体发生的偶然，而只能通过预先设定好的逻辑进行绝对的解释。对此，杜威进一步阐述道："逻辑实体不是作为经验的构成性的创造者（黑格尔，格林），也不是作为完全脱离经验的东西（康德，经验主义者和直觉主义者），而是作为经验的重要成员而具有它们的本质。"①

"随着杜威思想的成熟，他越来越强调人类有机体和自然的生物学的交互作用，其哲学中的黑格尔方面就慢慢消失了。"② 由此可以看出来，黑格尔思想中的绝对唯心主义理论逐步被达尔文的生物进化论所取代。

杜威在青年时期就表现出了对生物学、科学等学科的强烈兴趣。达尔文进化论的出现，给予杜威一种新的逻辑和思考模式：强调变化，而不去追求绝对的、固定不变的终极目标，并利用科学的方法来解决问题。在芝加哥大学供职时建立的实验学校，就是他运用科学的方法进行实验的一部分。

## 2.2.2　杜威教育哲学的思想渊源之二：现代科学理论

杜威所处的时代正是科学技术迅猛发展的时代，这使得杜威十分重视科技的发展，并将其应用于哲学领域。他认为，要摒弃黑格尔哲学中的形而上学，科学知识是重要的手段。达尔文的《物种起源》就是其中的知识来源之一。"《物种起源》一书通过对绝对永恒之物这艘神圣不可侵犯的方舟发起攻击，并把那些曾被看作固定不变的和完美无缺的类型的形式看作是有起源的和会消失的，而引进一种思维模式，这种模式一定会使认识的逻辑发生变革，从而也使道德、政治和宗教发生变革。"③ 现代科学理论对探究性认识理论的形成起到了重要的作用。

### 2.2.2.1　达尔文进化论对杜威的影响

回顾杜威的求学经历，他在本科时期就开始接触达尔文的进化

---

① 张梅. 杜威的经验概念 [D]. 上海：复旦大学，2008：18.

② DEWEY J. The collected works of John Dewey（1882—1953）：the later works，1925—1953：Vol. 5 [M]. BOYDSTON J D, ed. Carbondale：Southern Illinois University Press，1981：154.

③ 杜威. 杜威文选 [M]. 涂纪亮，译. 北京：社会科学文献出版社，2006：49.

论。并对其中的有关有机体与自然之间的关系部分产生了独特的兴趣。

杜威称："《物种起源》的出版问世标志自然科学发展中的一个新阶段。"① 在该书中，达尔文是这样解释"物种"和"起源"这两个概念的："通过把原先被认为固定与完美形式的'种'的概念视为有起源的和流逝的，否定了固定与终极的事物的存在，从而将变化原则引入了生物学。"② 由此引申到人类的经验也是处于不停的改变之中的，最终导致了杜威对人文领域的重新构建。

通过探究"种"的观念，杜威认为，在古希腊时期，人们通过观察自然、学习自然，"种"的概念就已经形成了他们的"目的"的观念。杜威认为，无论是哪个概念，都是"要在变动不居的生活之流与生命历程中寻找到一种把握世界的方式，这种方式把原本在时空上相互隔离的生命活动联成一个彼此相关的统一体，在变化之中寻求固定和永恒、在多样性之中寻求统一性"③。

其实，从 300 多年前的伽利略时代的日心说和惯性定律开始，科学知识对思想的影响就已经存在了。"当伽利略说地球所以如此壮观和令人赞叹，是由于内在地持续不断地产生的如此众多和不同的变化和生成。他所表达的是人们对这个世界的兴趣已经开始从永恒向正在变化中的事物转移。而当笛卡儿说把自然界中的事物看作是正在逐渐地生成，而不仅仅被看作一经创造出来便是最终的和最完善的状态的时候，它们的性质便更为容易地为人们所理解。"④

这表明，从 16 世纪开始，追求固定不变的真理，以及通过追求真理而实现对变化的掌握——这一古希腊哲学思想就已开始动摇。人们尝试不再去寻求固定不变的真理，而是通过探究自然界的变化模式，找到其中的规律，进而对其进行干预，使其尽可能地有利于人类的生产和生活。在达尔文的进化论中，有机生命体也需要通过不断地调整自身以适应环境的改变，这就意味着要从自身内部的相

---

① 杜威. 杜威文选 [M]. 涂纪亮，译. 北京：社会科学文献出版社，2006：49.

② 张梅. 杜威的经验概念 [D]. 上海：复旦大学，2008：19.

③ 同②：20.

④ DEWEY J. The collected works of John Dewey（1882—1953）：the middle works，1899—1924：Vol. 4 [M]. BOYDSTON J A, ed. Carbondale：Southern Illinois University Press，1976：7.

互之间的关系来说明。因此，扩展到哲学层面，哲学也应同自然进化理论相同，摈弃对绝对事物的需求，从具体的事物出发来探究各种哲学问题。

此外，杜威利用达尔文进化论中的"转化"原则找到了弥合自然与人文之间人为分离的方法。"转化"和"变异"就是达尔文在进化论中建立的新的逻辑。

杜威经验哲学的基本主张在他于 1910 年 51 岁时出版的《达尔文在哲学上的影响及其他论文集》（*The Influence of Darwin on Philosophy and Other Essays in Contemporary Thought*）中有清楚的表达。"首先，作为真标准的东西不再是固定的和永恒的，而是变化的；其次，哲学所涉及的是具体的、多样化的问题而不是绝对的起源和世界整体；第三，从发生学的立场发展起来的自然主义的实验的方法代替了传统的超自然的观点；第四，知识是作为有知觉的有机体与其环境相互作用的一个事件，……；第五，真理是作为理智功能的成功的运作或充分的完成，……；第六，理智在困难的情景里是作为调节的器官以对抗理智主义者的纯粹的、非实践的理论的主张。"①

基于达尔文学说，杜威认为，只有在生命活动的基础上，才能破解传统哲学中诸如"物质实体—精神实体""理念—事物""本体—现象"等诸多二元论问题。于是杜威在进化论学说中找到了新哲学建立的可能性。杜威所要建立的新哲学是从人们的实际生活出发，解决生活中出现的问题的关于生活本身的哲学。思考方式的改变，导致人类的思想观念也随之发生改变。因此，杜威总结了达尔文的进化论，并得出其对传统哲学的两种影响。

（1）思维方式的转变。达尔文进化论中有关生物是一步一步进化而来的，其进化的动力是自然选择，而不是传统哲学中的"神创论"，以及其中实验的主张等，使得哲学前所未有地需要直接面对现实生活中的实际问题，并需要为它找到答案。这就需要建立一种新的逻辑。对此，杜威表述为："新逻辑将责任感引入了理智的生活。笼统地把宇宙理想化和理智化，毕竟是承认我们不能处理那些与我们有着特别的关联的事物的进程。只要人类忍受这种无能，它就自

---

① 张梅. 杜威的经验概念 ［D］. 上海：复旦大学，2008：22.

然地把一种自己承担不起的责任的重担转到更能胜任的超越原因上。但是，如果有可能洞悉价值的特殊条件和观念的特殊结果，那么，哲学必须及时成为一种能够确定和解释在生活中发生的更为严重的冲突的方法，一种有计划地解决和处理这些冲突的方法：一种道德与政治的诊断与预测的方法。"①

（2）哲学兴趣由于人们思维方式的改变而发生了转移。"新的逻辑宣布了……一类问题取代另外一类问题。哲学为了探索它们的特殊价值和生成的特殊条件，放弃了对起源和终极目的的探究。"②哲学兴趣的转变是哲学的进步。当"我们无法解决它们：我们越过它们。老问题通过消失、蒸发获得解决，同时新问题符合努力和偏爱的变化了的态度，从而替代了老问题的位置"③。

综上所述，达尔文的进化理论通过转变哲学思维方式转移了哲学的研究兴趣，并促使杜威建立了自己的否定一切超验的、密切联系生活的经验理论。

由此，杜威实现了现实生活与他所提出的经验本身的统一。其教育理论中的"教育即生长"，正是达尔文进化论的具体体现之一。

### 2.2.2.2　量子理论对杜威的影响

简·杜威（Jean Dewey），杜威的女儿，是位物理学家，曾在提出革命性的玻尔原子模型的玻尔课题组工作。据说杜威曾去看望过她，并了解了很多该研究所正在进行的课题。尽管他对物理学的了解并不深入，但这足以让他对现代科学研究中实践的重要性有了一个深刻的认识，并将其应用于对"实践"与"认知"的先后顺序的论证中，并进一步修订与补充他的经验概念。

玻尔提出的玻尔原子模型推动了量子力学的创立，而量子理论的基础正是量子力学。量子理论和相对论共同奠定了现代物理学的基础，同时也最具哲学性。量子理论提出之前，人们所接受的是牛顿的经典物理，它是不依赖于认知主体而独立存在的客观实在。

---

① DEWEY J. The collected works of John Dewey（1882—1953）：the middle works, 1899—1924：Vol. 4 [M]. BOYDSTON J A, ed. Carbondale：Southern Illinois University Press, 1976：13.

② 同①：10.

③ 同①：14.

在物理理论的发展过程中，相关的观点及表述也一直在改变，但直到量子理论之前，人们一直认同的都是古希腊原子论。

自然界中的一切景象是不依赖于人的意志而转移的真实的客观存在；而科学家基于对物质的考量，则总结出了质量守恒定律、能量守恒定律等一系列不依赖于人的意志的客观规律。在随后的研究中，对物理理论的研究逐渐深入到微观领域，发现了组成物质的最小的结构单元是原子，像盖房子用的砖一样，通过原子的千变万化的排列组合，构成了我们纷繁复杂的感觉世界。进而发现比原子更小的质子、中子、电子，甚至近些年来发现的夸克，是组成物质的更小的客观实在。从宏观层面进入到微观层面，是人类认识上的一次重要飞跃。然而，量子力学的建立对上述传统的经典力学理论产生了强烈的冲击，人们开始质疑经典力学理论。量子力学的主要创始人，1932 年诺贝尔物理学奖的获得者，沃纳·卡尔·海森伯（Werner Karl Heisenberg）在所著的书中说道："如果我们想勾画出这些基本粒子的性质的图景，就再也不能无视我们赖以获得这些知识的各种物理过程。观察日常事物时，观察所涉及的物理过程仅起次要的作用，而在观察构成物质的最小粒子时，每一观察过程却产生了很大的干扰作用。我们已不能独立于观测过程之外去谈论粒子的行为了。……正如玻尔说过的，我们必须清楚意识到，在生活的舞台上，我们不仅仅是观众，而且也是演员。"[①] 这段文字清楚地表达了当时对量子力学的看法，这就是：量子力学的特征就是必须要考虑所研究的客观存在与观测方式之间的相互作用。

事实上，与传统哲学相比较，现代科学理论对现代西方哲学思想产生了重要影响，哲学开始进行反思。如：存在主义和现象学等。哲学的观念也从古典哲学中对绝对性的寻求转变为对相对性的探寻。

从认识论的角度分析，量子力学认为主客是相互影响的、不可分的，科学认知体系具有相对性。而经典力学理论认为观察者是独立于客观存在事物之外的旁观者。两者之间在观念上存在着巨大的反差。因此，杜威强调认识主体的主动性和与客体之间的互动，以此来克服主客体之间的矛盾对立。

---

① 海森伯. 物理学家的自然观［M］. 吴忠，译. 北京：商务印书馆，1990：5.

在《确定性寻求》一书中，杜威认为以量子力学为代表的现代物理学理论为其工具主义观点提供了有力的证明。正如海森伯的测不准原理所认为的那样，存在于人们头脑中的科学观念会对客观存在的自然实体，也就是被观察的物体产生影响。现代物理学家寻求的是用于观察或预测的工具与自然实体之间的相互作用。杜威还认为，经典力学理论的将认知者剥离于自然实体之外，是形而上学的。量子力学理论使杜威认识到，一种更广范围的思想和文化的重建即将到来。

### 2.2.3 杜威教育哲学的思想渊源之三：詹姆斯的机能主义

威廉·詹姆斯（William James）曾说过，"你来自黑格尔，我来自经验主义。"① 杜威正是在詹姆斯《心理学原理》的影响下，最终决定离开黑格尔主义的。他将自己的经验主义称为"新的经验主义"。②

#### 2.2.3.1 机能主义的主要内容

与其他思想派别不同，机能主义没有公认的代表性人物，也没有一致的方法论，相关的表述只存在观点相似性。综合凯勒（Keller）的观点，赫根汉（B. R. Hergenhahn）在《心理学史导论》中对机能主义心理学的表述如下："（1）机能主义者反对构造主义者所从事的对意识元素的研究，这在他们看来是无效的。（2）机能主义者希望理解心灵的机能，而不是对心灵的内容作静态的描述……（3）机能主义者希望心理学是一门实用的科学，而不是一门纯理论的科学，并且，他们试图运用自己的发现改善个人生活、教育、工业等。……（5）机能主义者对心理过程和行为的原因感兴趣，这直接导致其关注动机。……（7）同导致有机体彼此相似的东西相比，机能主义者对导致有机体彼此相异的东西更感兴趣"③。根据上述表述可以看出，在机能主义看来，心理学是可根据环境进行调整并适应的实

---

① HERDEL C W. John Dewey and the experimental spirit in philosophy [M]. New York：The Liberal Arts Press，1959：8.

② 海森伯. 物理学家的自然观 [M]. 吴忠，译. 北京：商务印书馆，1990：9.

③ 赫根汉. 心理学史导论 [M]. 4 版. 郭本禹，蔡飞，姜飞月，等译. 上海：华东师范大学出版社，2004：496.

践科学。

"意识流"是机能主义创始人詹姆斯所提出的最重要的概念。他认为:"意识本身似乎不像切碎的小片。……意识并不是什么被连结起来的东西;意识是流动的。用一条'河流'或'溪流'这样的比喻来描述它最为自然。今后,在谈及意识时,让我们称之为思想流、意识流或主观生活流。"①

"思想"的五个特征:"(1)每一个思想都倾向于是个人意识的一部分。(2)在每一个个人意识中,思想总是在变化着的。(3)在每一个个人意识中,思想很容易被觉察到是连续的。(4)它显现为始终在处理独立于它自身的客体。(5)它对这些客体的某些部分感兴趣,而排除了其他一些部分,并且欢迎和拒绝它们——一句话,从它们中间进行选择——它始终如此。"②

詹姆斯通过上述"思想之流"的五个特征来重建心理学理论,一种源于建立在生物学基础上的更加客观的心理学理论。杜威也说过:"这种思想通过它的方法越来越进入了我的全部思想之中,并成为改变旧的信念的一种酵素"③。

#### 2.2.3.2 詹姆斯对杜威哲学思想形成的影响

詹姆斯建立的更加客观的心理学理论——机能主义心理学,使杜威意识到传统哲学的二元困境的根源在于人类经验中的机能性分类被假定为本体性的区分。若要解决此问题,就必须坚持经验的有机性和整体性。于是,杜威建立了"反射弧"的概念。

他认为,想要从形而上学的桎梏中脱离出来,需要"将基于反射弧的概念作为基本的心理学统一单元的原理反作用于它的构成因素并确定其价值,这才是我们需要做的。更明确地说,我们需要把感觉刺激、中枢连结和行为反应当作现在被称作反射弧的单一、具体的整体内部的区域和功能因素,而不是把它们当作分割的、各自

---

① 赫根汉. 心理学史导论 [M]. 4 版. 郭本禹, 蔡飞, 姜飞月, 等译. 上海:华东师范大学出版社, 2004:504.
② 詹姆斯. 心理学原理 [M]. 郭宾, 译. 北京:中国社会科学出版社, 2009:228.
③ 简·杜威. 杜威传 [M]. 单中惠, 译. 合肥:安徽教育出版社, 1987:27.

完整的实体。"① "刺激—反应"是主要的客观存在，经验是建立在此基础上的连续不断的过程，是"有机统一体"。

为了给他的上述论述提供佐证，杜威用反射的观点分析了小孩把手伸向烛光被烫伤的例子。这个实验的结果使杜威意识到，孩子学到了烫伤的经验，这使他再遇到火焰时会避开火焰。因此，"刺激—反应"是相关关联的事件。应当根据机能（刺激）来看待行为（反应）。

杜威一直在研究此例子在哲学和教育学中的意义。该例子使杜威清楚地认识到刺激、反应（即行动）先于经验（即知识），感觉导致观念的形成，并最终形成有目的的运动。此过程是连续不断的，正体现了詹姆斯的"意识流"的概念。在此基础上，杜威提出了"行为流"的存在，同样也具有整体、连续、差异性等特征。这为传统哲学二元论的消解奠定了基础。

为了有别于英国传统的经验主义，詹姆斯在 1912 年发表的《彻底的经验主义》一书中，为自己的经验主义命名为"彻底的经验主义"，认为它比"实用主义"更为根本、更为重要，且他一再声明，"彻底经验主义"与"实用主义"没有任何逻辑关联。"彻底经验主义"是詹姆斯实用主义的核心。在他看来，"我们的经验的特性，即我们的经验不仅存在，而且被知——经验是'有意识的'这种性质可以说明这一点——，通过各经验之间的相互关系（这些关系本身就是经验）而得到了更好的说明"。② 詹姆斯这里所说的经验是一种关系的存在，是先于认识的存在，并使得认识的完成成为可能。这使得杜威更清楚地意识到了"生活"的内涵。在 1925 年出版的《经验与自然》一书的第一章中，杜威给出了生活的定义："生活是指一种机能，一种无所不包的活动，其中既包括机体，也包括环境。"③ 这有助于我们理解后面所论及的杜威教育理论中的"教育即生活"的论断。

---

① 杜威. 杜威全集·早期著作（1882—1898）：第五卷［M］. 杨小微，罗德红，译. 上海：华东师范大学出版社，2010：73.

② 詹姆斯. 彻底的经验主义［M］. 庞景仁，译. 上海：上海人民出版社，1987：13.

③ 杜威. 杜威教育论著选［M］. 赵祥麟，王承绪，编译. 上海：华东师范大学出版社，1981：273.

综上所述，通过大学期间对赫胥黎生理学教材的学习，杜威形成了彼此互相依赖的内在统一的思想，他的哲学意识被唤醒。进而在对黑格尔哲学的学习中，他找到了坚定这种信念的理论依据。就是说，黑格尔将世界看作一种有机体，反对二元论和多元论，强调"有机统一"的思想对杜威的思想方法产生了重要影响。詹姆斯的心理学理论使得杜威逐渐从黑格尔主义中剥离出来，使其放弃了黑格尔的形而上学和理性主义的绝对论，放弃了把世界归结为某种最高原理的做法，回归到了真实的经验世界。但黑格尔的辩证理论给了杜威难以磨灭的印记，并潜移默化地影响着杜威的思想，杜威对经验的有机性、连续性的描述，与黑格尔的有机统一的思想是一致的。通过对达尔文进化论的学习，杜威意识到，任何事物都是处在不断变化之中的，固定不变的事物是不存在的，由此形成了他独有的逻辑，也成就了他对事物的基本看法和经验哲学思想。由此思想出发，杜威否定了理性是凌驾于一切认识之上的、孤立不变的立场，而是强调理性就存在于客观现实的连续不断变化的活动之中。先前的哲学思想一直是宣扬稳固不变的永恒的真理，而反对变化，当下的美国社会应该摒弃这种哲学思想，通过他的经验哲学建立新的教育理论。

## 2.3 小 结

杜威哲学的实用主义倾向，使得其教育哲学理论具有很强的现实性。杜威直面现实中的诸多社会问题和教育问题，并尝试加以解决。因此，本章从介绍杜威生活的时代背景出发，以杜威要解决的当时存在的教育弊端和社会弊端为切入点，考察了时代背景对教育提出的要求以及对杜威教育哲学思想的影响。教育是需要适应社会并满足社会发展需要的。归根结底，传统教育的弊病是与传统哲学中的二元论对立相关的。

追溯杜威教育哲学思想形成的思想渊源，主要有三个方面：第一，黑格尔的影响。杜威在反对黑格尔的理性的绝对主义的基础上，继承了黑格尔的强调统一性、连续性和整体性的做法，并将这种思想彻底贯彻到了对经验的理解上。第二，现代科学理论的影响。主要包括进化理论和量子理论。达尔文的进化论促使杜威建立了自己的否定一切超验的、密切联系生活的经验理论。而量子理论则促使杜威放弃对绝对性、确定性的寻求，转向对相对性的探寻。第三，在詹姆斯的机能主义的影响下，最终离开了黑格尔主义，并建立了"新经验主义"的经验哲学思想。

哲学与教育是同根互补的关系，杜威把二者都放在人和自然的互动（即放在生活、生存）中来理解。这体现在杜威对"经验"的理解，其中对经验生存论的理解是他教育哲学的基础，决定着教育的目的、内容和方法。而他通过对人性的理解，提出了关于教育的三个基本命题。

# 第 3 章　杜威教育哲学的经验论维度

　　杜威受到黑格尔影响，强调有机统一，但在詹姆斯影响下杜威意识到黑格尔将绝对原理凌驾于现实经验之上，也属于分裂的一种形式。这使他坚定地立足于经验主义，认为整个世界就是一个经验的有机体。社会也好，人也好，都是这经验有机体的显现，而教育的理念是应该遵循这种经验的有机统一的原则的。由此，对经验的有机统一性、连续性的理解，使杜威意识到了美国当时的社会的各种分裂，意识到了教育中存在的各种分裂。不仅如此，这些二元分裂实际上都在传统哲学的各种二元论中表现出来了。他认为，哲学确实需要某种总体性、普遍性、终极性，但是不能像二元论体系那样，把它归结为某种终极原理，用少数终极原理来达到总体性、普遍性和终极性，而是"哲学家和接受哲学家结论的人会努力尽可能地获得一个统一的、前后一贯的、完整的经验观。"[1] 在这种完整的经验观基础上，才能够将人们割裂的人与自然、个人与社会、教养与职业等二元对立融合起来，而一种适合人与社会的新的教育理论也应该建立在这种经验观之上。甚至可以说，教育实际上就是一种经验的改造。所以，如何理解经验，是理解杜威教育哲学的重要节点或关键。教育作为对人的一种塑造活动，同时是对人的经验的改造活动，因为人的生成也不是源于他的形而上学本质，而是在经验的基础上形成的。可以说，杜威关于教育学的几个基本命题，都是在其经验论基础上提出来的。可见，杜威关于教育哲学的一系列的论断，甚至其整个教育理念，都是建立在其经验论之上的。特别是，"经验"在杜威的哲学思想中具有引领作用。杜威的哲学被称为经验哲学，杜威的教育学被称为基于其经验哲学的教育学理论。因此，

---

[1] 杜威. 民主主义与教育 [M]. 陶志琼，译. 北京：中国轻工业出版社，2015：321.

如果研究杜威的教育思想，则必须从研究其经验论思想特别是从他关于经验的看法开始。

# 3.1 传统经验论

经验概念产生得很早，但是随着哲学的发展，逐步抽象化，从生活、从自然中脱离出来，到了近代英国经验主义那里，尽管它们重视经验，但是却把经验作了比古代更为狭隘的理解。杜威的经验论被称为自然主义的经验论。他和同为实用主义者的詹姆斯、皮尔士等人的经验论有很多相同之处，但也有倾向上的差别。皮尔士对经验的理解中，经验仍然带有某种认识论的意义，是人与外界的认识上的桥梁。詹姆斯试图批评传统经验论对经验的分裂式的理解。在他看来，经验是一种"流"，连续而不间断的，但是英国经验主义却把经验分裂为不同的元素，犯了"元素主义"的错误。不仅如此，他还认为一切理解、认知等以前人们所谓的理性活动，也都可以在这种作为"思想流"或"意识流"的经验之上得到理解，所以他试图建立一种彻底经验论，把经验看作解释一切的原则。可以说，在实用主义阵营中，詹姆斯对经验的解释是最为系统的，这主要体现在他的《心理学原理》《彻底的经验主义》等著作中。杜威对于经验的解释，其思想倾向和詹姆斯是一致的，都强调在经验的基础上可以解释自然和社会，强调经验是整体，具有连续性等。但是杜威更为注重破除传统哲学在理解经验上的二元论，强调经验与自然、经验与生活的一体化。

## 3.1.1 古希腊哲学中的"经验"概念

按照近代经验论对经验的理解，感觉经验是经验的核心部分，近代经验论发展到休谟那里几乎成了感觉论。对于感觉，古希腊人的论述是很多的。但是，那个时候人们还没有将感觉等同于经验。那么经验是什么呢？亚里士多德有一个描述："从感官知觉中产生出了记忆，从对同一事物的不断重复的记忆中产生了经验。因为数量众多的记忆构成一个单一的经验。"① 这个意义上的经验和我们日常生活理解的差不多。比如，我们通常说某某人干什么事情很有经验。这里所说的经验不是感觉，也不是纯理论。感觉只是形象，没有规律性的理解，但是这个意义上的经验是包含着对某种规律的理解作用的。说某人"有经验""经验丰富"，这肯定包含了某人抓住了某些规律性的东西。但是反过来说，经验又不是理论，它比理论更感性化。亚里士多德所描述的和我们日常对经验的理解差不多，它是比感觉更高、比理论低一些的东西。所以亚里士多德也把经验看作"智慧"的一种。从这里看，亚里士多德没有像以后的经验论者那样，把经验和理解割裂开来，经验中就包含着理解。也没有把经验和生活完全割裂开来。但是亚里士多德却把经验与知识、科学做了分离，这也为以后的分离提供了基础。他认为，人们通过感觉凭记忆可以获得经验，一般的工匠就是凭经验办事。技术、知识等尽管都是从经验来的，但是它们比经验更高级。为什么？因为凭经验是知其然不知其所以然，没有弄清楚事物的原理或原因，而知识是既知其然又知其所以然，是对原理和原因的把握。由于经验是在感觉基础上积累的，没有把握到原因、原理，它有偶然性，其真理性较差；但是知识不一样，由于是关于事物原理的知识，所以有必然性、真理性。不仅如此，寻求事物原理或原因的理论活动，也是最"自由的"活动，因为它是不依赖于经验的。而经验概念被严格限定在实践的范围内，因此它不可能脱离人类生活中的各种事情。由于工匠的活动，目的并不指向自身，而是依赖于外在的工具和材料，作为实践的典型形式，它便不可能是独立和自由的。相反，理论活动由于纯靠理性自身的内在的自洽，它完全是以自身为目的的，就无须假借任何外来的帮助而是独立和自由的。道德和政治的活动作为实践活动，既然要求人们的相互合作，它就不可能像理性的活动那样是独立和自足的。这样，亚里士多德就把经验和知识分离开了，并且在分类中把经验看成了较低等级的东西。相应地，把握的原理越普遍，等级就越高。这样，就过分地褒扬了理论活动，贬低了经验和实践活动。

---

① 苗力田. 亚里士多德全集：典藏本 [M]. 北京：中国人民大学出版社，2016：348.

　　杜威赞同古希腊哲学中有关经验的表述：经验是由反复多次重复的习惯和风俗传习形成的，具有社会属性。这是生活在自然界中的人的真实感受。但是杜威也认为古希腊哲学思想中有关经验的论述具有以下三种局限性，它们之间是相互关联的。第一种局限性是古希腊哲学思想由于受当时较低的科技发展水平影响而导致的受限的认识论。由于科技发展水平低，将很多由经验得来的知识视为信念，而不是知识和科学。"经验不能引起令人尊敬的科学意义上的知识，只能引起意见，……但是，其发生却是偶然的，因为没有关于为什么它们是真的知识。"① 第二种局限是认为经验知识的实践是受限制的，并具有依赖性，这与自由的理性思维是相对立的。"这种轻视经验的观点和把实践活动视为低于理论活动的这样一个见解是完全一致的，它认为实践活动是有所依附的，是从外边推动的，显得缺乏真实性，而理论活动是独立的和自由的，因为它是完备的、自足的和完善的。"② 第三种局限是形而上学的将理性与事物二分的二元论局限，它是第一种和第二种局限发展的必然结果。该局限将经验与理性二分，感觉器官感觉到的和人的行为被归属为前者，而事物的本质和终极实在则被归属于后者的理性范畴。这三重对立注定了经验被贬低。虽然经验概念在古希腊以后的哲学思想中已经逐渐发生了改变，但以经验为基础获得的知识依旧受到抨击。"随后的哲学继承了这种对经验的贬低的态度，即将经验与较低级的和实际的活动联系在一起，而这些活动与纯粹理性的活动的较高级的价值是对立的。"③

　　综上所述，杜威用辩证的方法去看待古代哲学的经验观，批判其中的错误观点，吸取其中的正确观点。他赞同古希腊哲学中有关经验与社会生活相联系的表述，反对将经验与理性、知识严格区分并贬低经验及其实践、褒扬理论的片面做法。

---

① DEWEY J. The collected works of John Dewey（1882—1953）：the later works，1925—1953：Vol. 11 ［M］. BOYDSTON J A, ed. Carbondale：Southern Illinois University Press，1981：70.

② 杜威. 经验与自然 ［M］. 傅统先，译. 南京：江苏教育出版社，2005：226.

③ 同①：74.

## 3.1.2 近代实验科学中的"经验"概念

古希腊之后到中世纪，由于宗教的需要，神学形而上学得到了发展，经验受到进一步的贬抑。近代的经验论特别是英国经验论是随着文艺复兴之后科学的发展而兴盛起来的，一般把弗兰西斯·培根看作英国经验论的肇始者。培根认为人的一个基本任务就是获取有关自然的知识，或者说认识自然的"形式"或规律，因而提出了"知识就是力量"的口号。他认为，获取知识的方法不能依赖亚里士多德所说的三段论，而应该依靠自下而上的归纳法。首先通过观察、实验形成经验，然后通过三表法进行分析对比等研究，形成一般的理论。理论的形成始于经验，又需要在经验中进行检验。不仅如此，从经验出发形成理论，也需要一步一步地上升，不能作思辨的跳跃。所以他明确提出："全部解释自然的工作是从感官开端，是从感官的认知经由一条径直的、有规则的和防护好的途径以达于理解力的认知，也即达到真确的概念和原理。"① 培根的《新工具》实际上就是提供了这样一种从经验出发，一步一步认识自然的方法。

在培根之后，洛克首次把以感官理解为主的经验主义发展成为完整的哲学体系，这体现于其《人类理解论》一书中。他认为人类所有的观念都源于经验："所有观念都来自感觉或者反映。如果我们把人的思想假定为一张没有任何标记和观念的白纸，那么它是如何得到那些观念的呢？人们通过繁忙和无限的想象力，已经在思想上描绘出几乎无穷的花样来，那么思想由何处得来关于理性和知识方面的一切材料？对于这些，我的回答是：它们都是由经验来的。我们所有的知识都由经验建立，同时，它从中引出自己。我们靠观察所知觉到的外部可感的对象和关于我们思想内部的感知和反映，向自己的理解提供思想的一切材料。这便是知识的两个源泉，我们有的观念，或是自然要有的观念，都是源于此的。"② 从这段话来看，洛克已经把"经验"理解成了感觉、知觉等类的东西，它的任务在于"向自己的理解提供思想的一切材料"，这样，就和亚里士多德所

① 培根. 新工具［M］. 许宝骙，译. 北京：商务印书馆，1984：216.
② 洛克. 人类理解论［M］. 谭善明，徐文秀，编译. 西安：陕西人民出版社，2007：41.

说的经验不完全一样了。亚里士多德所说的经验，不仅仅是为理解提供材料，同时也包含着理解。比如，说医生、工匠有经验，这种经验尽管不是理论，但是这里面包含着对于规律的理解作用，而不是单纯的感觉、知觉。休谟和贝克莱继承了洛克的思想，进一步将经验等同于感觉，他们认为人的整个认识都是在处理由感觉提供的观念。但是他们特别是休谟认为，感觉提供给我们的观念并不反映客观事物的真实性质。因为感官因人而异，总有变化，具有偶然性。不仅如此，感性只接受形象，无法理解意义，而客观世界的规律是需要理解作用的，而这理解作用恰恰是感官所不具备的。这样，感觉、经验就变成了和客观世界隔绝的屏障，由此，休谟走向了不可知论。

英国经验论虽然并没有很好地建立起新的经验理论，但对古希腊哲学中的经验概念进行了破坏和重塑，使人们的思想脱离了以前的观念和迷信。"当总体的文化状况变得需要积极的建设性的指导和推动时，那么一种新的哲学所需要的文化机遇就产生了。"① 具体说来，英国经验主义强调经验的重要作用，反对传统的神学信仰和与之联系的形而上学，这种方向是正确的。但是，英国经验论者在其理论的发展中逐步将经验等同于感觉，这种理解是一种倒退。一方面，由于感觉仅仅是一种认识论上提供观念的能力，这样就把经验不再看成生活实践活动，仅仅看成了一种抽象的认识活动。这造成了经验和生活的疏离。另一方面，单纯的感觉在英国经验论那里不是人和万物连接的桥梁，而是变成了一种阻碍，这就割断了经验和外物的联系。詹姆斯曾经集中批判英国经验论者的经验概念，认为他们把经验看成了元素的集合，割裂了经验的有机联系。所以为了克服这种缺点，詹姆斯提出了"意识流""思想流"概念，强调连续性。针对英国经验论把经验等同于感觉，詹姆斯也论证了经验不是被动的，它包含着对于事物的理解，所以，人们建构的理论，也都可以通过经验的活动来建立。这样就克服了英国经验论将经验和理性割裂的缺点。杜威和詹姆斯在上述思想上是一致的，但是他更

---

① DEWEY J. The collected works of John Dewey（1882—1953）：the later works，1925—1953：Vol. 11 [M]. BOYDSTON J A, ed. Carbondale：Southern Illinois University Press，1981：80.

为强调经验与生活和人的生存活动的联系。经验不仅仅是认识论意义的，而是生存意义的，甚至人的生存活动都是经验活动。杜威进一步把传统经验论这种割裂经验统一性、连续性的缺点归结为二元论。比如经验和理性的割裂、经验和生活的割裂、经验和现实事物或自然的割裂、经验和身体的割裂等。并且在多部著作中，都批评了这种二元论。

如果说，在十六、十七世纪英国经验论盛行的时期，经验科学的发展是当务之急，英国经验论就是在这样的背景下流行的。但是，杜威所处的时代变了，再沿用传统的经验概念，因循传统的经验论原则，已经不再适合社会的发展。时代的变迁要求一种新的经验论，实用主义的经验论，包括杜威的经验论，就是一种新的经验论，其核心就是对经验作了一种更新的切合实际的理解。杜威的整个教育理念，都是建立在这种经验论之上的。

## 3.2 杜威的经验论

杜威的经验论作为一种新经验论，突出特点表现在对经验概念的扩展和对经验论原则的深化上。他的经验理论是建立在对前人多种经验哲学的审视与反思的基础上的。他认为前人的经验论是他所谓的"二元化的"。这里所谓的二元，并不仅仅是在本体论意义上说的，而主要是指把经验中本来统一的东西加以割裂，把经验中本来联系着的东西割断，这就造成了各种分裂。他所说的"二元"实际上指的就是这种分裂。当然，杜威也认为这种分裂归根结底也基于近代笛卡儿所代表的心物、心身等本体论上的二元分裂。杜威在反思传统经验论观点的基础上，重新构建了自己的"经验"概念，扩展了经验概念，随着这种扩展，杜威确立了他更加彻底的经验论原则。

### 3.2.1 对传统经验论的批判与超越

前面我们介绍了传统经验论的基本观点以及杜威对这些经验论的基本态度。应该说，杜威将英国近代经验论（以培根、洛克、休谟和贝克莱为代表）定义为传统经验论，他的对传统经验论的批评与经验概念的拓展实际上就是在对该理论批判的基础上而实现的。那么这一过程是如何完成的呢？我们从如下几个方面进行探讨。

（1）经验涵盖了人类有机体与客观世界之间的一切相互作用。

从哲学角度来理解经验的含义时，传统哲学，无论是经验论者还是理性论者，都把经验归结为认识、知识的一个环节。经验主义者认为经验是获取知识的唯一途径，但理性论者则认为只有在理性的参与下，经验才能获取到真正的认知。杜威认为，经验分为属于认知的经验（认知性）和非认知的经验，二者是紧密相连的。不存在认知在先，或只考虑经验的认知性而忽略了其非认知性，这会造成对经验概念的错误理解。认知关系只是杜威经验概念中存在的多种关系之一，人为地将它们或归类为思想或归类为认知，都会造成经验内容的割裂，大大缩减经验的丰富内涵。因此，人们认为经验概念在杜威这里产生了转向。不仅如此，认知性的经验也离不开非认知性的因素，这些因素都是作为认知形成的条件起作用的，二者无法割裂。"经验是充满推断的。显然，没有一个有意识的经验是没有推断的，反省是天赋的和恒常的。"① 由此看来，认知是在经验内部发生的活动，为经验探究的条件所控制。因此，只有将经验置于一个更广阔的背景下，对认知的描述才能够做到准确无误，而以前人们对认知的描述是抽象的和不符合实际的。

某一"经验"在被探究的时候，由于其内容复杂，通常会被人为地分为许多不同的方面，但这些方面之间又相互联系，共同服务于某一普遍的主旨，这使得每种经验又都各不相同，具有自己的独特性。所以经验是有统一性的。以前的哲学家虽然认为经验很复杂，但他们却认为经验只是构成要素的集合体，而不是统一体。这使得在探究某一经验的特殊性时容易与客观存在的经验混淆。杜威认为：在构成经验的所有要素中都存在这一个统一性的主旨，与此同时，又会存在某一区别于其他经验的特殊的关注点和一个随时处于动态变化之中的不确定的背景。在经验的发展过程中，经验中的各要素是动态变化的，如：时间、习惯、兴趣、周围环境等，而在变化中

① 德雷克. 批判的实在论论文集［M］. 郑之骧，译. 北京：商务印书馆，1979：41.

它们的统一性并没有丧失。

总之，以前人们理解的经验过分重视认知经验，甚至一说到经验，潜意识中就是指认知经验，这实际上将经验范围缩小了，真实的经验范围比这大得多，它甚至涵盖了有机体与环境之间相互交换作用的所有方式。

（2）客观世界中人的活动和经历即为经验。

传统经验论中的经验既强调无关经验的客观世界的存在，又认为经验是受主观影响的。而事实上，"经验关于它自身所提示的是一个真正的客观世界，这个世界加入于人们的行动和遭受的苦恼之中，并且通过他们的反应而经历种种变异。"① 由此我们可以看到杜威对经验的看法，它不仅是主观上的和心理上的，而且是与人们的生活密切相关的客观存在，同时还会通过人们的反应而不断地纠错。传统二元论的区别在杜威的经验这里，只不过是内部的具有不同功能的组分罢了。

作为西方现代哲学奠基人之一的笛卡儿提出了"我思故我在"的哲学命题，他认为心灵和身体是截然不同的两类东西，都是独立存在的。从心灵出发可以得到其他任何观念和知识，强调心灵在认识论中的首要地位。这种主观主义最终会导致人类陷入自己的内心活动之中，而无视客观世界的存在。杜威认为这种观点的根源在于对客观事物的错误理解，诸如：他们认为客观事物的形状、颜色等客观存在都是人类的内心所想，是完全属于心灵的。事实上，这些客观存在的确是依附于观察者的，并以某种特定的经验形式表现出来，但这不能成为将经验视为主观产物的依据。在杜威的经验概念中，既包含了客观世界、认知客观世界的活动，也包含了对经验进行分析总结的主观能动性。

（3）经验是以实验为基础的，通过实验和积累来描述和了解未知事物。

相较于现代经验论，以休谟为代表的传统经验论主张将经验等同于过去的观察结果，并着重考察经验的过去对未来的影响，强调经验的过去性，这与亚里士多德认为经验是从记忆中得到的观点是

---

① 德雷克. 批判的实在论论文集［M］. 郑之骧，译. 北京：商务印书馆，1979：41.

相同的。而以杜威为代表的现代经验论则认为：从生物学视角看待经验时，对有机体来说，"预期……是比回忆更为基本的，对未来的设计比对过去的召集更重要，对将来的预期比对过去的回顾更重要。"① 由于经验随着时间的推移，随着人类的活动而处在不断变化之中，因而所有已经为有机体所掌握的经验都不是固定不变的。人类始终试图消除生产生活中的不利因素，营造出一个符合人类意愿的善和价值。

杜威认为：经验是以实验为基础的，通过实验和积累来描述和了解未知事物。我们不是客观世界的旁观者、感知者和服从者，我们的目标是面向未来。通过当下和过去得以保留下来的经验，运用我们的智慧去改变世界。在此过程中，人既是一个主动者和实验者，又是一个受动者。客观世界受人的实践影响的同时，人的实践也受到他所经验的客观世界影响，二者是相互作用的。

虽然有人批评杜威把人看成关系不确定的未来的行动者，但杜威坚持人类总是要面对不确定的未来的，经验的存在有助于我们更好地面对未来。而过去也不应被忽视，由它所得到的经验必然会影响未来。"主动的受动者迎接未来的运动是偏爱的和热情的；然而，对过去的独立而客观公正的研究是保证这种热情成功的唯一选择"②。

（4）经验本身包含着联结。

传统的经验论，如洛克、休谟的经验理论把经验看作由彼此独立的元素所组成，这些独立的元素由独立的感知所组成，它们通过某种外在联结组成更为复杂的内容。这样，经验就被割裂为一些元素，元素之间的关系外在于经验。特别是其中一些很重要的关系，比如因果联系，被认为是由其他心灵能力给予的。比如休谟就认为，经验作为感觉之中找不到任何因果必然联系。康德为了克服这种弊病，提出了"先天综合"，他认为感觉中确实没有什么因果关系，这些关系是在"纯粹知性"能力给予的"纯粹概念"，知性用先天的概念联结感性，实现"感性形象的必然联系"，构成一个经验的世

---

① DEWEY J. The need for a recovery of philosophy［M］//MCDERMOTT J J. The philosophy of John Dewey：Vol. I. New York：G. P. Putnam's Sons，1973：64.

② 同①：65.

界。康德所谓"经验"由于包含了知性所给予的概念，所以不同于感觉，包含着感觉因素的联系、联结。杜威强烈地反对传统经验论那种将关系、联结排斥出经验之外的观点，而强调经验的统一、连续和完整等特性。不仅如此，杜威也反对康德对经验的看法，因为在康德那里，虽然感知与概念（关系）相互结合，但前者是感性的和后天的、后者是知性的和先天的，前者和后者在本性上仍然是割裂的，所以它们的结合也是外在结合。

杜威认为：一种正在经验着的经验内部就包含了各要素之间的相互联结，不需要某种外在的超经验的东西赋予经验以联系。这就像詹姆斯一样，成就了一种更为彻底的经验主义，即：认为包含于经验内部的各要素之间的关联、联结等也是经验内部的要素之一，也是和经验中的客观事物一样被经验到的，它们既不独立于经验之外，也不是被理性强加上去的。按照詹姆斯的观点，所有被直接经验到的要素都必须要被包含到经验之中，反之亦然。因此，詹姆斯反对认为经验需要由一个更高的力量来统一的理性主义，因为事物本身之间存在着天然的联结或连续的结构，并不需要一个凌驾于经验之上的超能力。此外，排斥事物之间的联系，对经验的解释只停留在表面的以感觉为基础的经验主义，如休谟、贝克莱等人，也是詹姆斯所反对的。詹姆斯认为：我们要根据以往的经验来审视现在的经验，才能发现其内部各要素之间的关联和联结。

杜威与詹姆斯一样，反对元素主义的经验论，其理由是：这种观点并未完全以经验为依据。从生物学角度来看，生物体的繁衍生存与元素主义的经验论是相矛盾的。排除掉纯粹的偶然和突变，生物体的经验必须提供比以往元素主义的经验论所提供的内容更丰富，才能确保生物体存活下去。生物体的经验包含它自身内部的相互联结的原理，而不是仅仅依靠彼此独立的原子式的构成，生物体的行为与其所处的环境以及过去和未来一段时间的经历是密切相关的。如前所述，生命所固有的形式并不需要一个超能力来将它们综合在一起。在这一点上，杜威与彻底的经验主义的观点相同，认为：经验内部充满了相互联系的各种关系。只有在掌握了整个过程中的各种知识，才能对事物进行控制。否则，经验就只能是一个单独存在的材料，不能成为预知和控制未来的工具。

（5）经验是一种利用推理来进行探究的方式。

杜威的经验概念更为自由，他认为探究本身就是经验的一种方式，强调探究在经验中的作用，认为许多相关联的情境交织在一起形成经验。当我们在情境中遇到具体或特定的冲突的时候，探究成为解决这些问题的必要手段。也就是说，情境是分为主观和客观的，探究是形成经验的方法。因此，杜威强调经验具有实验的特性和面向未来的特性。人们以过去的经验为基础，利用从经验中得到的联系和连续的内容，形成了预知未来并指导进一步行动的行为准则。

由此可以看出，杜威的经验概念是通过人类的各种活动体现出来的，对整个人类社会生活中已有智慧的有效认知。通过它，人类可以预测并合理规划未来。

综合上述：杜威对传统经验论的诸种缺点进行了批评。批评了将经验局限于认知经验上的缺点，指出经验包含了有机体与环境之间相互交换作用的所有方式；批评了将经验与客观世界割裂的缺点，提出经验是在客观世界中的行动和经历，确立了经验的客观性；批评了将经验视为一种被动性的缺点，指出经验表现的是人和世界的互动关系；批评了将经验看作元素集合的观点，指出经验中就包含着联结，因此经验和理性并不是对立的；最后确立了经验是人对世界的探究方式。这些方面，包括整体性、连续性、主动性等也可以视作杜威经验概念区别于传统经验概念的根本特点。从这些特点看，杜威几乎把人的一切生存活动都看成了经验活动，并且认为只有这样，才符合经验的真实性。换句话说，真实的经验本来就是这样的。以前传统经验论所理解的经验，是从某种特定视角出发，将完整的经验作了片面的理解。

### 3.2.2 重新确立"经验"概念与经验论原则

上述对经验概念的阐述为杜威的新的经验论的提出提供了理论基础。换句话说，杜威对于传统经验论的批评和超越，目的在于建立一种对真实经验的理解以及建立在这种理解之上的经验论原则。概括说来，杜威关于经验的一些基本观点是：经验是有机体与环境的交互作用；世界是由充满偶然性、无规律可循的经验概念组成的整体。在生命体与客观环境之间的交互过程中，经验包括了主动和被动两方面要素。这些基本观点实际上表达了杜威对经验概念的内涵、分类、所指内容以及经验论方法等的基本看法。

### 3.2.2.1 "经验"概念的内涵、分类及其基本内容

（1）经验概念的内涵。

应该说，杜威在不同的著述中，对经验概念有很多不同方面的表述，所以杜威关于经验概念的内涵很复杂，如果要找出其经验概念的定义之类的东西，也不容易。但是，认为经验是有机体和环境的交互作用，这一点是杜威反复强调的。经验不是抽象的知识，而是"一个生物与它的自然以及社会的环境交互作用的事情。"① 杜威经验概念的全部要素由此可见一斑。经验是由存在于生物体与其所处的客观环境之间的各种自然的和社会的交互作用方式所构成的，是一个一直处于动态变化中的东西。就人来说，经验是人之为有机体与客观环境包括自然和社会环境的交互作用。前面我们说过，传统经验论把经验抽象化了，在它们那里经验变成了单纯的认识，甚至变成了被动的感觉，产生了身与心、人与环境、主观与客观、被动与主动、理论与实践（思想与行动）等的分裂，而杜威这里所理解的经验，将其归结为生物体与自然和社会环境的交互作用，实际上克服了这些分裂。

杜威对经验理解的首要特点是他认为在经验和知识中存在两个重要的因素：思想和行动，这是传统哲学家未曾发现的。在《意识和经验》一文中，杜威揭示了他的经验概念的含义，他认为："在经验和事物中有某些东西，而物理学家和生物学家还没有涉及。这种东西仅仅是更多的存在和更多的经验，但没有了它们的物质是没有体验的、尚未实现的。"②

随后，出于对上述经验概念含义解释的不满意和怕被主观主义曲解，杜威借着1916年《实验逻辑论文集》再版之际，给《意识

---

① DEWEY J. The need for a recovery of philosophy［M］//MCDERMOTT J J. The philosophy of John Dewey：Vol. I. New York：G. P. Putnam's Sons, 1973：61.

② 杜威. 杜威全集·中期著作（1899—1924）：第一卷（1899—1901）［M］. 刘时工，白玉国，译. 上海：华东师范大学出版社，2012：92.

和经验》一文加了一个长长的注释。尽管如此，杜威还是坚持使用"经验"这一用语。即使在他后期的《经验与自然》一书中，他仍然坚持他的观点："经验乃是达到自然、揭示自然秘密的一种且是唯一的一种方法，……，经验所揭露的自然（在自然科学中利用经验的方法）又得以深化、丰富化，并指导着经验进一步地发展，那么这个变化过程也许会加速起来。"①

杜威认为，经验不是随便的、偶然的发生和发现，它是包括主动和被动因素的生活于外界环境中的人类有机体。在任何情况下，杜威所讨论的经验都是包含有机体和环境的，讨论的是二者之间的关系。这种情况下，经验被理解为：它是有机体通过生命的成长与环境发生交融，并在交融中不断积累和沉淀的过程，在此过程中，有机体经受了新的塑形。

在杜威的经验之流中，最重要的方面就是经验的整体性。他认为，在一个经验中，任何两个连续的部分和随之而来的部分之间没有缝隙和空白，像水流一样流动。所以，它们总能与别的经验融为一体："当被经验的材料走完它的路程"并且成为"内部完整的、在整个经验之流中与其他的经验划开界限时，我们就拥有一个经验。"②

杜威暗示，在这些行动的进程中，通过连续的行为，产生了一种面向被认为是进程终点而被保存和积累下来的逐渐增大的意义。对于杜威而言，这种意义非常重要，它是一种对人类生活而言意义非凡的价值，这种价值尤其会成为教育和工作的重要目标。

（2）经验的基本分类。

关于经验的分类，杜威针对传统经验论过分强调经验的认知性的缺点，把经验分为"认知的经验"和"非认知的经验"。后者就是他认为的统一的经验整体，这种经验是"原始（源初）经验"，是我们直接"占有和欣赏的"最后的实在。在二者的关系上，杜威认为："认知的经验"是从原始的"非认知的经验"中经过反省派

---

① 杜威. 经验与自然［M］. 傅统先，译. 南京：江苏教育出版社，2005：1.

② DEWEY J. The collected works of John Dewey（1882—1953）：the later works，1925—1953：Vol. 10［M］. BOYDSTON J A, ed. Carbondale：Southern Illinois University Press，1981：42.

生出来的。因此，原始的非认知的经验，也就是"统一的经验整体"才是最终真实存在的最根本的东西，而认识的对象并不是最后的实在，而是从最根本处衍生出来的。

（3）经验的基本内容。

由上述经验的内涵，也就确定了杜威"经验"一词的所指或所涉内容：从空间上说，一切人与环境互动的事情都可以称为经验；从时间上说，经验世界也包含着一切过去、现在、未来的经验。前面说过，詹姆斯在继承英国传统经验论的基础上，试图通过扩大经验的范围确立一个纯粹经验的世界。由于他强调意识的流动性和连续性，因而经验在詹姆斯那里被视为是意识流、思想流。杜威虽然同意他的观点，但试图对经验的内容给出一些具体的描述，如：用有机体与环境之间的交互作用代替意识流，强调经验不仅是精神层面的事情，也是一种活动过程等。杜威把经验从认识论层面上升为生存论层面。在《经验与自然》中，他给出的经验定义如下："'经验'是一个詹姆斯所谓具有两套意义的字眼。好像它的同类语'生活'和'历史'一样，它不仅包括人们做些什么和遭遇些什么，他们追求些什么，爱些什么，相信和坚持些什么，而且也包括人们是怎样活动和怎样得到反响的，他们怎样操作和遭遇，他们怎样渴望和享受，以及他们观看、信仰和想象的方式——简言之，能经验的过程。'经验'指开垦过的土地，种下的种子，收获的成果以及日夜、春秋、干湿、冷热等变化，这些为人们所观察、畏惧、渴望的东西；它也指种植和收割，工作和欢快、希望、畏惧、计划，以及求助于魔术或化学、垂头丧气或欢欣鼓舞的人。它之所以是具有'两套意义'的，是由于它在其基本的统一之中不承认在动作与材料、主观与客观之间有何区别，但认为在一个不可分析的整体中包括着它的两个方面：'事物'和'思想'，正如詹姆斯在同一个有关的地方所说的，乃是'单套头的'，它们仅指反省从原始经验中鉴别出来的产物而言。"①

上述原文就是杜威经验概念所论及的内容，是在传统经验论的基础上，将经验定义为包含对象、性质、事件、意义的一个庞大的

---

① 杜威. 经验与自然［M］. 傅统先，译. 南京：江苏教育出版社，2005：8.

聚集体。杜威的意思是说，经验各个要素之间的原初状态，也正是我们生活的本真状态。它与生活和历史一样，"具有同样充分的未予分裂的意义"。"生活是指一种机能，一种包罗万象的活动，在这种活动中机体与环境都包括在内。只有在反省的分析基础上，它才分裂成为外在条件——被呼吸的空气、被吃的食物、被踏着的地面，和内部结构——能呼吸的肺、进行消化的胃、走路的两条腿。"① 而历史的范围则是"所作的事迹、所经历的悲剧，而且它也是不可避免地跟随着来的人类的注解、记录和解释。从客观上讲，历史包括河流和山岭、田野和森林、法律和制度；从主观上讲，它包括目的和计划、欲望和情绪，而事物就是通过它们而被管理着和转化着的。"②

由杜威的上述论述可以看出，杜威认为"经验"与"生活"和"历史"一样，具有广泛的含义和范围，是同类语。经验包括经验的主体和被经验的对象，包括能经验的过程和经验的结果，包括经验的事实和人的价值。也就是说一切与人相关的诸如行动与劳作、追求与梦想、信仰与信念、观察与感受等的人类生存方式和状态都与经验相关。

对杜威来说，经验除了包含个人的特殊经验之外，还包含其他人的经验。因此，其含义是包罗万象的，囊括了世间的一切事物，如：科学、艺术、道德、政治和宗教等方面；感情、感觉、概念、心理事件、物理现象和关系等方面；记忆与想象、过去与未来、错觉与幻觉、真理与谬误、善与恶等一切事物。换言之，经验就是最后的实在——如果我们选择使用一个旧的形而上学的术语的话。

由此可见，杜威的"统一的经验整体"被描述为一种分化为心和物的更原始的东西。心与物是在这种"统一的经验整体"的基础上派生出来的反省的结果，并用"存在"一词来替代，进而把哲学问题演变为"描述存在的一般特征"的问题，而非心与物（意识与物质）的关系的问题。

---

① 杜威. 经验与自然［M］. 傅统先，译. 南京：江苏教育出版社，2005：8.
② 同①.

### 3.2.2.2 经验论原则

传统经验论原则有两个基本要点：一个是反对教条，强调从人的经验活动出发来获得真理，有学者将其概括为"自由原则"；另一个就是强调知识来源于经验又复归于经验，这里所谓经验主要是感觉经验。但是正像前面所说（见 3.2.1），传统经验论包含着各种割裂，包括经验与理性、被动与主动、理论与实践（思想与行动）等的分裂，杜威认为这些分裂实际上都是近代哲学上的身和心、人和环境、主观和客观等二元论的表现。所以，传统经验论实际上没有摆脱近代的"二元论"，是不彻底的经验论。詹姆斯曾提出"彻底经验主义"，主要是通过将原来被传统经验论排除出去的那些因素重新纳入经验中而实现的。实际上，杜威也是通过重新解释经验，达到了一种彻底的经验论，或者说是一元论的经验论。他们的理论有所不同的地方在于，杜威更为注重经验即人的生存经验，是生物体和环境的互动，这就使其经验论有了更强的实践意义，有了更浓厚的实用主义的色彩。如果说杜威的经验论原则是什么，那么第一就是继承了传统经验论的原则，并克服了其不彻底性，达到了一种彻底的经验主义。另一个就是他强烈的实用主义和实验主义色彩。

在杜威看来，经验是人和环境的互动。在这个互动中，经验既是被动的也是主动的。针对传统经验论强调经验是被动的缺点，杜威更为强调经验的主动性。杜威进一步将这种互动归结为"尝试和实验"的积极主动方面和"经受和经历"的消极被动方面。"在主动的方面，经验就是尝试——这个意义，在与之相关的实验这个术语中可以得到澄清。在被动的方面，经验就是经历。"① 经验是尝试与经历的集合体。这就是说经验首先是一种试验的行为，这种行为会带来一定的结果，而我们要经受或经历这个结果。由此可见，经验是生命与环境之间的诸要素持续交流互动的过程。

就此所谓经验简单举例，某人试图做某事时，事情的结果会反过来影响到这个人，作用与反作用就是这样一个过程。经验需要把作用和反作用两个方面联结起来。单纯的试验是不构成经验的，只

---

① DEWEY J. The collected works of John Dewey（1882—1953）：the middle works，1899—1924；Vol. 9 [M]. BOYDSTON J A，ed. Carbondale：Southern Illinois University Press，1976：146.

有把试验所造成的改变和改变所造成的后果有意识地联系起来，这种行动才是经验，不但具有意义，而且可以从中学到知识。以杜威著名的"孩子将手伸到火中"的实验为例，如果孩子没有从被灼伤的疼痛中汲取到经验，那么这不能称为经验，这个灼伤与其他任何没有生命的物质一样。只有当他把灼伤的疼痛与将手伸进火焰这个动作联系起来，这才构成经验。

杜威认为，每个人在生活中都会遇到各种事情，如果我们不将它们和我们之前的行为联系起来，那这个事情对我们来说没有任何意义，只是一件独立存在的偶然发生的事情，我们从中学习不到任何可应用于未来的知识或能力。只有我们将我们的所作所为和我们从中获得的感受（或快乐，或悲伤，或痛苦）这一结果联系起来，才是经验。在此过程中，尝试和试验是行动，结果是教训，并由此发现了事物之间的联结及经验。

对教育来说，这样的经验意义重大。"从经验中学习"意味着我们要在行动和由行动产生的结果之间建立必然联系。由此，我们可以得出两个与教育有重要关系的结论：第一，经验包括主动和被动两个方面，不是由单一的认识所组成；第二，评估经验的价值标准在于对由经验得来的内在联系的认识。也就是说，经验只有在经过一定的积累后，具有一定的价值或意义以后，才需要被认知。不过，现在的学校教育经常忽略这一点。学生的心灵被当作一种不需要任何经历就能够凭借教师的讲授而接受知识的东西，是与身体的物理活动相分离的。接受知识的心灵被认为是纯粹理智的，而身体的物理活动被认为与前者不相干，甚至是干扰前者接受知识的客观因素。由此导致学校内的学生不得不约束他们的身体，而不是以一种有意义的和优美的方式发展它们。从前面的分析我们知道，行动和结果只有紧密结合，才能够认识到经验的意义。如果破坏了这种结合，即：纯粹的"心灵"活动和简单的身体活动，那么经验就变成了单独存在、彼此独立的两个片段。

## 3.3 杜威经验论的教育哲学意蕴

经验论是杜威教育哲学思想的核心。从西方哲学史的视域看，杜威教育思想的特点在于，他把经验论的哲学思想融贯在其教育观之中，并把这种哲学思想作为指导和探索教育实践的基础。从杜威对经验论的诠释来看，经验对教育所发挥的作用是不可忽视的。但是，杜威赋予经验以特殊的意义。就杜威经验的空间结构来说，经验是人和自然、社会的交互活动，基于此，杜威提出"教育即生活"；从时间维度上来说，经验包含着过去、现在和未来，这一过程的实现即为生长，并由此提出"教育即生长"；杜威继承了詹姆斯经验论，认为经验是流动的、连续不断的，是发展的，并由此提出"教育即经验的改造或改组"。这三个命题密不可分又各有侧重。此外，杜威强调人性的可变性和不可变性相互共存，才使得教育有意义。因此，杜威认为"面对持续发展的社会生活，青少年必须形成相应的态度和思想价值观念，但它们无法通过直接传授信念、情感和知识来形成，而是要通过环境这个中介才会发生。环境是由一个生物进行特殊活动时所包括的全部条件构成的。社会环境由社会中任何一个成员与所有伙伴一起参与的所有合作活动组成。"[①] 这表明，杜威的教育哲学思想始终把社会环境视为开展教育实践活动的关键性因素。无论是"教育即生活"，还是"教育即生长"，抑或是"教育即经验的改造或改组"，都表现出杜威对社会环境与生活经验的重视。可见，在杜威以经验论为核心的教育哲学思想中经验有重要的地位和意义。

### 3.3.1 教育即生活

"教育即生活"是杜威教育哲学思想中的基本主张之一。在杜威看来，教育与人的生活是密不可分的，可以说教育的效果往往是在人们的生活中逐渐显现出来的。之所以如此，是因为杜威的教育哲

---

① 杜威. 民主主义与教育［M］. 陶志琼，译. 北京：中国轻工业出版社，2015：23.

学思想是以经验论为基础的，他所宣称的"教育即生活"的主张也是基于经验论的立场提出的。尤其是在《民主主义与教育》中，杜威对该说法有详细的论述。依据杜威的解释，教育思想中的生活概念有着特殊的意义，它包括社会制度、风俗习惯、宗教信仰等各个层面。也就是说，在教育哲学思想中杜威赋予了生活以特殊的含义。"事实上，经验的延续是通过社会群体的不断更新得以完成的。教育从其最广泛的意义上讲，就是社会生活的延续。"① 正是在这一意义上，杜威提出"教育即生活"的主张。

由于杜威秉承经验论的立场来阐述其教育哲学思想，这就使得他所提出的生活概念与通常人们理解的生活概念有所不同。按照杜威的理解，教育哲学中的生活概念包含的意义较为丰富，它并不是指人们日常行为生活层面的含义，而是涉及人们在社会生活中的方方面面。正是基于此，杜威宣称若要提升教育的实际效果，必然要在生活中展开教育实践活动，否则将难以实现预期的教育效果。这表明，杜威所提出的生活概念始终与教育实践活动紧密相关，对生活概念的阐述也是为更好地开展教育实践活动所做出准备性工作。

在杜威的教育哲学思想中，生活既有个体经验的含义，同时也含有族群经验的意义。因为个体的生活离不开族群的协助，在相同的族群中个体的生活方能显出多姿多彩的特征，而离开族群的个体是无法孤独地生活下去的。即便是个体需要学习一定的生存技能，那么这种学习也是在族群中进行的。当然，对于生活概念的理解也是如此，既要看到个体经验方面的含义，也要顾及族群经验意义的维度。正如杜威所举的读《林肯传》的例子那样，"当我们读《林肯传》时，肯定不会期待里面有生理学的内容。但我们会希望书中有关于林肯所处的社会背景、家庭背景及职业状况的描述；希望有对林肯的性格如何形成的描述；希望有对林肯的奋斗经历及个人成就的描述；希望有对林肯的个人希望、爱好、快乐和苦难的描述。"② 这就意味着，杜威的所谓生活概念是与个人的教育紧密相连的。一方面，教育的实践性特征决定了教育实践活动必须要与个人的生活

---

① 杜威. 民主主义与教育［M］. 陶志琼，译. 北京：中国轻工业出版社，2015：2.
② 杜威. 经验与自然［M］. 傅统先，译. 南京：江苏教育出版社，2005：8.

环境相结合，这样才能获得良好的教育效果；另一方面，就教育与生活的关系而言，"教育即生活"则再一次表明了杜威教育哲学思想的基本观点，如果不能把教育与生活综合起来考虑的话，那么教育实践将难以取得理想的效果。学者顾红亮曾提出，"胡适把杜威的'教育即生活'观点发挥成'教育即实验'"① 的主张，无非是要说明教育与生活之间的关系，并通过实验的方式将它们之间的关系表现出来。因此，杜威教育哲学思想中的生活概念是与他的教育理念密不可分的，而这种生活概念必然涉及社会制度、人们的生活习惯以及风俗等诸多方面的因素。这样一来，杜威提出的"教育即生活"中的生活概念则含义丰富，它并不是通常意义上的生活概念，而是与教育实践活动紧密相关的生活概念。尽管个体的生活能够分为很多种，但就教育哲学思想的生活概念而言它的含义是丰富的。因为个体的成长和族群的生活密切相关，而且个体同时还是族群中的一员，他在族群中成长，在族群中受到教育，这种无意识的教育必然使其获得族群中的经验，并基于此种经验而生活。这就意味着，在杜威的教育哲学思想中，教育实践活动与人们的生活之间有着紧密的联系，它们之间的关系是推进教育实践活动所不可忽视的。虽然杜威也曾提出过"教育即实验"的主张，但这种主张也是在人们的具体生活中提出的，它并不是纯粹理论方面的假设，而是和教育实践活动相关联的教育哲学主张。因此，杜威所提出的生活概念具有较强的实践性色彩，它在教育实践过程中发挥的作用是不可替代的。

依据杜威的解释，教育哲学思想中的生活概念与社会环境以及人们的生活习惯紧密相连，即便是对"教育即生活"给予合理的阐释，那么也不能离开社会环境和人们的生活习惯，否则对该观点的解读将难逃片面化的嫌疑。实际上，在杜威的教育哲学思想中，个体所处的社会环境与个体的生活习惯对教育的结果影响很大。因为个体的生活和成长都离不开其生活的社会，尤其是在社会中和他人之间形成的交往活动关系，正是基于这种交往活动，社会经验才得以传承，教育的效果才得以实现。"一个出生并生长在音乐世家的孩子，……其音乐潜力要比生长在另一环境中得到更充分的开发，其

---

① 顾红亮. 杜威"教育即生活"观念的中国化诠释 [J]. 教育研究，2019，40（4）：24.

他可能被唤醒的冲动则会受到抑制或忽视。"① 因此，对于教育活动而言，它必然要考虑到个体所处的社会环境，以及个体在社会环境中所获得的生活习惯，这样才能更好地开展教育实践活动，从而为个体的成长提供良好的帮助。在杜威看来，教育作为一种实践活动它还承担社会中介的角色。一方面，对于个体的教育来说，这种受教育的过程无疑是在社会生活中进行的，个体获得的教育技能和知识都和社会整体的环境和特征紧密相连；另一方面，"教育即生活"则说明教育在个体生活中的作用，它充当着个体成长所必需的基础和条件，因此通过教育使得个体获得社会经验是其在社会生活中立足的必备环境。这种情况在儿童的教育过程中表现得尤其强烈，儿童的成长历程更能说明杜威教育哲学思想中的生活内涵和意义。依据杜威的说法，"儿童的生活是一个整体，一个总体。他敏捷地和欣然地从一个主题到另一个主题，正如他从一个场所到另一个场所一样，……儿童所关心的事物，由于他的生活所带来的个人的和社会的兴趣的统一性，是结合在一起的。"② 这就意味着，对于儿童的教育来说，必须要注重经验和兴趣对他的影响，特别是儿童所感兴趣的事物对儿童教育结果的左右是不言而喻的。因此，杜威认为在教育儿童的过程中，绝不能忽视兴趣对儿童教育的重要作用，要善于运用兴趣来提升儿童教育的效果，使教育与儿童的兴趣和生活紧密关联在一起。

总之，"教育即生活"中的生活概念绝不是纯粹抽象的概念，而是和人们的实践生活相关的概念。当然，这种生活概念和生长以及经验的改造或改组都有密切的联系，只不过它们所注重的焦点不同而已。在儿童的教育过程中，这种生活概念则表现得更为明显。因为儿童的教育和成长都和他自身所处的环境，以及感兴趣的事物密切相连，对他的教育必然是在其实际生活中进行的。正是在这一意义上，教育哲学思想中的生活概念在儿童的教育历程中方才显现出来。但是，如果仅从生活的角度理解"教育即生活"的含义，那么结果必然是片面的。因为"教育即生活"有着自身的含义，它的含

---

① 杜威. 民主主义与教育 [M]. 陶志琼，译. 北京：中国轻工业出版社，2015：17.
② 吕达，刘立德，邹海燕. 杜威教育文集：第1卷 [M]. 北京：人民教育出版社，2008：110.

义并不是仅从生活的视角就能完全表达的。

虽然在杜威的教育哲学思想中,生活概念的含义是丰富的,但若要彻底理解"教育即生活"的意义则需要基于杜威教育哲学思想的整体视角,对其进行把握和阐释。因此,对于"教育即生活"而言,既要注意生活概念在其中所起到的作用,又要对教育与生活之前的关系做出进一步的阐述和分析,否则将不能真正理解"教育即生活"的含义。不容否认,在杜威的教育哲学思想中生活的概念是极其丰富的,它往往和教育之间有着密切的关联,而这种关联是通过人们的教育实践活动显现的。如此一来,"教育即生活"的含义自然与教育实践活动密不可分。

教育作为人类的一种传承实践活动具有重要的意义。然而,教育实践活动不能离开人们的生活而独自发挥效用,它必然要和人们的生活相互结合才能有效地发挥其传承的效用。当然,这种传承要在社会实践生活中进行,而且必须要在全体社会成员的参与下才能完成。在某种意义上,教育作为一种传承方式是人们生活中必不可少的重要因素,尤其是在人们的社会生活中表现得更加明显。按照杜威的说法,"社会通过传承过程而存在,恰如生物的存在。……如果正渐渐离开群体生活的社会成员不把理想、希望、期待、标准和意见传承给正要进入群体生活的社会成员,社会生活就不能继续存在。"① 对于经验的传承来说,其过程也是如此。无论是个体经验,还是族群经验都需要在具体的生活中才能得到传承和延续。特别是杜威的教育哲学思想对这种传承过程的强调尤为强烈。其实,社会经验的传承同样离不开社会全体成员的参与,正是通过这种参与活动才使得社会经验得到有效的传播和延续。在杜威看来,这种基于社会维度的传承在儿童的教育实践中表现得十分明显。依据杜威在《儿童与课程》中的说法,"儿童的世界是一个具有他们个人兴趣的人的世界,而不是一个事实和规律的世界。儿童世界的主要特征,不是什么与外界事物相符合这个意义上的真理,而是感情和同情。"② 这样一来,儿童所受到的教育必然和他的生活紧密相连,而且这种

---

① 杜威. 民主主义与教育 [M]. 陶志琼, 译. 北京: 中国轻工业出版社, 2015: 3.
② 吕达, 刘立德, 邹海燕. 杜威教育文集: 第 1 卷 [M]. 北京: 人民教育出版社, 2008: 110.

教育若要取得预期的理想效果，那么和儿童的生活相结合则是必然的选择。因为对于儿童来说，在他的世界中唯有和自身相关的生活才是其关心的。就儿童教育而言，它也要与儿童的生活相融合，这样才能在儿童的教育实践活动中使其受益。由此可见，社会经验在儿童教育中具有重要作用，而这种作用是通过教育与生活的关系展现的。一方面，对于儿童的教育而言，它本身就是儿童成长生活的历程，正是在不断的教育过程中儿童才逐渐掌握生活的机能，最终成长为社会中的一员；另一方面，"教育即生活"的内涵在儿童的教育实践中表现得淋漓尽致，尤其是在儿童成长的过程中更是如此。

除此之外，"社会就是在传承和沟通中得以存在的。……人们因拥有共同的东西而生活在一个共同体内；沟通交流则是他们为了拥有共同的东西而运用的方法。"① 这就表明，在杜威的教育哲学思想中教育作为一种实践活动，它还具有沟通的效用。只是这种沟通的效用是通过人们之间的交往活动实现的。因为生活在同一个共同体中的个人所具有的教育意识是相同的，在同样的教育意识之下，教育所塑造的行为具有相似性。正是在这一意义上，教育作为一种沟通形式才是可能的，而这种沟通的效用自然是基于人们的交往实践活动显现的。当然，人们生活的共同体是承载人们社会文化以及经验的载体，而教育活动也是诉诸这种共同体展开的。按照杜威的理解，教育实践活动离不开人们生活的共同体，正是在这种共同体中人们的社会经验才得以传承和延续。对于教育作为一种沟通效用而言，它在整个经验和知识的传承中都占据着重要的位置，特别是就族群经验与社会文化而言情况更是如此。事实上，"教育即生活"不仅对于个体经验的传承来说是适用的，而且对于族群经验的传承也是有效的。之所以如此，是因为杜威的教育哲学思想是以经验论为基础的，这种基于经验论立场的教育哲学思想必然要对经验给予高度的重视，而且会在教育的过程中突出经验的地位和作用。在杜威的教育哲学思想中，"个人所处的生活环境会强化某些信念并弱化另一些信念，这样能使他获得别人的称赞与认同。因而，个人的生活

---

① 杜威. 民主主义与教育 [M]. 陶志琼，译. 北京：中国轻工业出版社，2015：4.

环境会潜移默化地在其身上形成特定的系统的行为和行动倾向。"①
这样一来，"教育即生活"的内涵才能在人们所处的生活环境中显现
出来。其实，在人们的日常生活中，这种基于生活环境的教育实践
活动往往具有重要的作用。就杜威教育哲学思想中的生活而言，它
绝不是纯粹抽象的理论意义，而是指涉及个人生活各个方面的具体
生活经验意义。按照杜威的理解，教育作为一种实践活动，它既是
对个体塑造的活动，同时还是实现人们相互交往活动的中介，"教育
即生活"就是对该中介意义的描述。当然，这里的教育也不是纯粹
理论层面的含义，而是和教育实践活动紧密相关的教育实践之意。

通过上述分析可知，杜威所提出的"教育即生活"是立足于教
育实践活动的立场上做出的，它所表达的绝不是纯粹抽象的理论化
教条，而是和个体的成长历程紧密相连的，尤其是在族群经验的传
承和延续中，"教育即生活"的内涵表现得十分明显。对于儿童的教
育来说，"教育即生活"也是提升儿童教育效果不可忽视的思考维
度。因为儿童的教育和他实际的生活环境以及社会状况相互关联着，
如果不能考虑到这些因素对儿童教育的影响，那么这种对儿童的教
育必然会走向失败。然而，杜威教育哲学思想还有"教育即生长"
"教育即经验的改造或改组"的表达，那么这些表达究竟意味着什
么，它们又有着怎样的内涵？

### 3.3.2　教育即生长

在杜威看来，"教育即生长"所表达的无非是个体通过受教育不
断获得新的技能和知识，而这种新技能和知识的增长即个体生长的
过程，同时也是个体成长的过程。因为个体的生长或成长都离不开
生活经验和教育，特别是在其实际的生活环境中，社会经验与教育
实践活动对个体的成长尤为重要。按照杜威的解释，"如果我们不用
比较的眼光，而是用绝对的眼光看待未成熟状态，那么，未成熟状
态就意味着一种积极的势力或能力——成长的力量。……成长并不
是外部加诸儿童身上的东西，而是他们自己所做的一切。"② 由此可

---

① 杜威. 民主主义与教育 [M]. 陶志琼，译. 北京：中国轻工业出版社，2015：12.
② 同①：43.

见，"教育即生长"既表明个体在教育的过程中所学会的新技能和知识，又预示着这种技能和知识的增加是个体基于其内在力量而完成的。

在杜威的教育哲学思想中，所谓生长是和生命的概念紧密相关的，而生命的生长又意味着成长之意。在教育学界，人们往往把通过教育而形成的习惯视为生长的表现。当然，这种生长是对个体通过受教育而逐步成熟的描述，它是个体从未成熟逐渐走向成熟的过程。依据杜威的理解，"教育常常会被界定为获得各种习惯，从而使个人能有效地适应环境。教育的这个定义表达出了成长的本质。但是，这个定义中的'适应'必须从主动控制手段从而达到目的的意义上来理解。"① 因此，教育哲学思想中的生长意味着个体通过教育的途径使自身逐步适应环境，从而获得在社会中生活的能力。

与"教育即生活"相比，"教育即生长"是从个体动态成长的视角来说明教育对个体成长的意义的。关于生命的成长过程，它所表现的是生命体动态成长的整个过程，这种成长也包括生命体生存技能的更新和提高。只不过从生命个体的视角来看，这种成长即生命个体重新生长出来的各种技能和经验。因为即便是生长它也是在整个社会族群中进行的，对于各种知识和技能的学习也离不开其所生活的整体环境和条件。因此，这种生长必然是个体基于自身成长的目的而不断生长的过程，而该过程又是通过教育的实践活动呈现的。不容否认，"教育即生长"是对个体逐步走向成熟过程的表达，但这种生长过程又何尝不是对个体的塑造？之所以如此，是因为对于新的机能和知识而言，个体从未真正拥有过，而拥有这些东西的过程就是对其进行塑造的过程。正是在这一意义上，教育的塑造功能表现得淋漓尽致，它是使个体成为社会成员的主要手段和方式，而且这种塑造的功能是通过个体内心的力量完成的。可以说，杜威教育哲学思想中的生长是一种驱使个体逐步成熟的成长力量，尤其是在人们生活的共同体中这种成长的力量表现得更为明显。个体若要成长为共同体中的一员，他必须要学会适应在共同体中生活，并学习共同体的知识、文化以及生存技能，这些因素都是其称为共同

---

① 杜威. 民主主义与教育 [M]. 陶志琼，译. 北京：中国轻工业出版社，2015：47.

体一员的基础和前提。此外，个体的成长还要与共同体中的其他成员相互交往，并在这种交往活动中传承共同体中的族群经验，从而使个体成为共同体中的一员。这样，教育哲学思想中的生长之意义才能够得到表达。在杜威的教育哲学思想中，个体的生长就意味着个体具有可塑性的特点，而可塑性则是开展教育实践活动的基本条件。对于未成熟的个体而言，这种可塑性表现得十分强烈，而且通过教育的途径可以把未成熟的个体塑造成理想的个体。其实，教育哲学思想中的生长所表达的无非是个体从未成熟逐步趋向于成熟的状态，从独立的个体走向群体的个体进而成为真正社会意义上的成熟个体。杜威在《民主主义与教育》中通过儿童的教育成长过程来说明教育哲学思想中的生长之意。在杜威看来，儿童的教育成长过程最能说明生长的意义，而且儿童的教育过程是使其成为社会成员的必要步骤，没有经过这种教育的儿童则难以成为真正意义上的社会成员，他也不可能拥有社会经验和社会生活技能。因为对于儿童的教育而言，这种过程是不能脱离社会而开展的，它通常是在儿童的成长过程中进行的，并且这种教育是在无意识的状态下进行的。因此，社会环境和社会经验对儿童的成长来说显得尤为重要，如果没有这些条件作为基础，那么儿童的教育必然是不成功的，更不用说这种教育的实际效果了。杜威反复强调社会环境和社会经验重要性的原因也在于此。因为儿童的依赖性是十分强的，而教育的塑造功能正是通过这种依赖性逐步实现的。当然，这种依赖性的形成是在个体生活的社会环境中完成的，个体所生活的环境对这种依赖性的形成具有决定性的作用。所以，对于教育哲学思想中的生长而言，它必然和个体的成长状况、社会环境以及社会经验紧密相关，而教育作为使个体走向成熟的途径，它若要发挥应有的效力也必然和这些因素密不可分。

依据杜威的解释，教育哲学思想中成长与个体所习得的习惯之间有着密切的关系，在某种意义上这种习惯也被视为个体成长或生长的表现。因为就个体所形成的习惯而言，它是个体以前并未接触的领域，对习惯中的事物个体是不曾熟悉获知的，而一旦这种习惯在个体的生命中显现出来，就意味着个体新习得这种习惯，这种习惯的习得必然是一种生长的过程。与成熟的个体相比，未成熟的个体肯定不具有某些方面的能力，而通过教育可以使未成熟的个体获得成熟个体所拥有的能力。在这种意义上，教育对于未成熟的个体来说所充当的正是一种补偿的力量。当然，这种补偿的力量是基于未成熟的个体而言的，诉诸教育的途径使其逐渐成为成熟个体中的一员。依照杜威的观点，"由于动物缺乏社交天赋，所以它们必须具备身体优势。人类婴儿的身体软弱无能，之所以还能生存下去，正是因为他们有社交的能力。"① 这就意味着，与幼小动物的生命相比，人类婴儿所具有的社交能力是其优势，并且这种优势使得人类婴儿具有了某种生存下去的力量。"教育即生长"也是对这一力量的又一表述，生长必然包括成长的含义，它和幼小动物以及人类婴儿的生长都是紧密相关的。只是对于人类婴儿而言，其所具有的社交能力是其独有的优势，幼小的动物则不具备这样的优势。然而，即便是人类婴儿拥有社交能力，但若要发挥这种能力必然要和人类社会相互关联，在具体社会生活中逐步使社交能力显现出来。教育作为一种实践活动，它又充当着联系个体之间相互交往的社会中介角色。一方面，教育作为社会中介意味着它能够在人们的教育实践活动中有效地联系各方，使人们的信息能够及时地传递出去，从而有利于社会经验的传承和延续；另一方面，就教育作为一种补偿力量来说，这种力量的发挥必然要与人们的社会生活状况以及社会经验相互联系起来，否则无法通过补偿力量实现个体的成长目的。在杜威看来，个体的成长或生长离不开社会环境的基础，而且社会经验的传承也要在整个社会环境中才能进行，尤其是对于社会文化的传承更是如此，它时刻与人们的社会生活环境以及社会经验紧密关联。事实上，无论是教育作为一种实践活动，还是教育作为社会的中介，抑或是教育作为一种补偿力量，它们都是对"教育即生长"的阐述和解释。因此，杜威宣称对于个体的成长或生长来说，整个社会环境以及社会经验都是需要考虑的因素。当然，对于社会中的成员而言，通过教育传承社会文化和社会经验是他们的任务，把社会生活延续下去更是如此。因为一旦社会生活无法延续的话，那么就意味着社会中

---

① 杜威. 民主主义与教育［M］. 陶志琼，译. 北京：中国轻工业出版社，2015：44.

的未成熟个体失去了成长的机会，他们也不能依据社会文化和社会经验来塑造自身，这样一来，对于个体的生长是没有益处的，也不能使社会经验得到传承和延续。正是在这一意义上，杜威强调"教育即生长"的意义，并且主张通过教育的途径来实现个体的成长和成熟，最终使其成为真正意义上的社会成员并获得与之相应的生活和生存技能。

由此可见，在杜威的教育哲学思想中生长就意味着成长，生长的过程即未成熟的个体走向成熟的过程。"教育即生长"所要表达的无非是个体通过教育的途径获得新的生存技能和知识的过程，而且这种生长是基于未成熟个体内在的力量实现的。因为就新的机能和知识而言，它在未成熟的个体那里是完全陌生的，对于新技能和知识的学习来说，未成熟的个体对它们的掌握的过程就是他们自身生长的过程。当然，在杜威的教育哲学思想中，生长还和生命紧密关联着，生命的成长即是生长的过程。这就意味着，"教育即生长"中的生长与通常人们所理解的生长是不同的，它更倾向于对个体内在力量的关注，并把这种基于内在力量的成长视为生长。

如前所述，"教育即生长"是杜威教育哲学思想的表述之一。在某种意义上，它和"教育即生活"一样都是杜威教育哲学思想的表述，只是这两种表述所关注的重点有所不同而已。如果说人类拥有的所有社交能力是其优势的话，那么这种优势对于教育实践活动而言更是如此。因为教育实践活动不能脱离人们的交往活动而发挥效用，而社交能力恰恰是交往活动得以完成的前提。这样一来，对于"教育即生长"来说，人类的社交能力无疑是发挥教育生长功能的必要条件和基础，而教育的功能也必定能够在个体的成长过程中发挥应有的作用。总之，就"教育即生长"而言，它绝不是空洞的理论说辞，而是和具体的教育实践活动紧密相连的。

然而，在杜威的教育哲学思想中"教育即生长"有着特殊含义，它并不同于通常意义上的生长的意义。在通常意义上，生长意味事物自身的发展，而且这种发展在数量上是可以观察到的。但是，教育哲学思想中的生长却有着与此不同的意义，它更倾向于从社会经验的维度来阐述教育在个体成长过程中的作用。这就意味着，个体的成长和成熟与社会经验是无法分离的，这种生长更不能离开整个社会的大环境。因此，杜威总是强调社会环境以及社会经验在整个教育实践活动中的重要性。在杜威那里，"教育即生长"意味着未成熟个体的成长，这也是未成熟个体向成熟个体转变的必经之路。因为从社会的视角来看，个体的成熟和生长与社会经验是密不可分的，尤其是在这种经验的传承与延续中，教育作为一种传播的途径显得尤为重要。事实上，"教育即生长"的含义在儿童的成长过程中表现得更为明显。一方面，儿童的成长离不开教育，正是通过教育的手段使儿童逐步获得社会经验以及生活方面的基本技能，可以说这种教育对于儿童来说是终身受益的；另一方面，就儿童的成长而言，通过教育的途径使其获得成长方面的经验是较为有效的方式，当然这种教育同样能够使儿童自身的能力得到生长，使他们获得新的知识和生存技能。所以，在儿童的成长过程中"教育即生活"的含义展现无余。正如杜威所言，儿童在顺利完成家长或教师布置的任务后，"在我们知道儿童在从事这一任务时内心忙于什么事、他的注意力、感情和倾向的主要方向何在以前，我们还没有触及教育性的培养的问题。"[①] 这表明，就儿童的教育而言，它绝不单纯是教师从外部进行教育的活动，在某种意义上它需要儿童从自己的内心深处接受某种教育，并把所接受的教育与自身的成长融为一体，这样才能发挥出教育的效果来，否则对儿童的教育只能沦为空洞的形式，而毫无教育的内容可言。当然，这种空洞的教育对于儿童的成长是没有意义的，同时对儿童技能和社会经验的生长也是无益的。在杜威的教育哲学思想中，"教育即生长"并不是一朝一夕就能完成的，它往往需要经过很长的时间才能完成生长的任务，而且这种生长会根据受教育者的教育程度发生变化。这种情况在儿童的教育实践活动中表现得较为明显，因为儿童的教育和学习是分阶段的，随着儿童的成长对他的教育也要做出相应的改变，否则对儿童的教育将难以跟上儿童成长的步伐，同时落后的教育也不利于儿童社会经验层面的生长。所以，杜威宣称教育一定是诉诸受教育者的实际情况展开的，它必须要根据受教育者自身的状态做出相应的调整和部署，否

---

① 吕达，刘立德，邹海燕. 杜威教育文集：第1卷［M］. 北京：人民教育出版社，2008：164.

则将难以实现对儿童教育的效果和目的。如此一来，"教育即生长"便与儿童的成长相互关联在一起，儿童的受教育程度直接影响着自身的成长状况，以及与之相应的技能和社会经验方面的生长情况。显然，教育哲学思想中的生长并不是纯粹抽象的概念化描述，它和个体的成长过程是密切相关的。

依据杜威的观点，"成长能力的大小既依靠别人的帮助，也需要借助于自己的可塑性。这两个条件，在儿童期和青年期达到需要的最高峰。"[①] 这表明，在儿童的成长过程中，其可塑性的特点正是开展教育实践活动的有利条件。对于儿童来说，这种可塑性表现得更加显著，它在儿童成长的过程中同样起着重要的作用。正是由于儿童的可塑性特点，对其进行的教育实践活动才能起到应有的效用，并且在某种意义上这种效用对儿童以后成为社会中的成员意义重大。不过纯粹依赖儿童的可塑性来开展教育，并不能取得理想的效果。因为儿童的心理因素对教育的影响是巨大的，这种基于儿童心理因素对教育的左右是需要给予重视的。之所以如此，是因为儿童毕竟尚未成长为社会中的一员，他所具有的社会经验和知识不足以使其在社会中独立生活。正是在这一意义上，对于儿童而言"教育即生长"显得十分重要，而且通过教育获得生长的能力是其必须要经历的过程。其实，在杜威的教育哲学思想中"教育即生长"与社会的进步是密不可分的。无论是个体的生长，还是社会经验的增长都需要在人们的社会生活中才能变为现实。当然，在某种意义上社会经验的增长又意味着社会的进步和发展，而在这个过程中个体的成长亦是可见的。因为个体的生长与社会的进步是同步的，对于社会经验的传承和延续来说情况更是如此。一方面，社会经验的传承和个体的生活实践是紧密相关的，个体对社会经验的学习过程也是对其掌握和继承的过程，因此个体的生长与社会经验是相互关联的；另一方面，在社会生活中，人们通过彼此之间的交往活动将社会经验与知识传递出来，该传递过程同时是社会经验得以延续的过程，而知识的增长必然和教育实践活动紧密相关，尤其是在具体的社会生活中更是如此。在杜威那里，"教育即生长"对于受教育者来说是表

---

① 杜威. 民主主义与教育 [M]. 陶志琼，译. 北京：中国轻工业出版社，2015：54.

现为成长的连续不断的过程，并且在成长的过程中受教育者自身的生存技能和知识得以进一步生长。就受教育者与社会的关系而言，每当受教育者自身的社会经验得到生长时则意味着社会的发展取得一定的进步。也就是说，受教育者自身社会经验的生长与社会的进步是一致的，它们是相互联系的。在整个教育实践的过程中，这种关系则表现为社会经验与知识的传承和延续，以及人们通过交往活动所达到的信息共享状态。这就意味着，在"教育即生长"中教育的作用表现为受教育者自身的生长与社会的进步，特别是作为未成熟的个体通过教育途径逐步蜕变为成熟的个体的过程，则更能说明教育对个体成长的重要性。因此，"教育即生长"不仅意味着个体的成熟与社会经验的增长，而且还预示着社会的发展和进步。

综上所述，在杜威的教育哲学思想中，生长意味着生命个体成长的过程，个体通过受教育的方式获得社会经验和生存技能，并逐步成长为社会中的一员，从而获得与他人相互交往的基本条件。"教育即生长"无非要表明生命个体的成长是一个十分漫长的过程，在该过程中教育充当着无比重要的角色，它能够为个体的生长提供必要的前提和条件，而且还能使得个体自身的能力得到进一步的生长。此外在杜威那里，教育又被表述为经验的改造或改组，那么这一表达又意味着什么？它与前两个表述之间存在着怎样的关系？

### 3.3.3 教育即经验的改造或改组

除"教育即生活"与"教育即生长"之外，"教育即经验的改造或改组"也是杜威教育哲学思想的表述之一。杜威认为，"一切教育都能塑造性格、锻炼智力和培养道德，……这种塑造工作不仅要对先天本能进行塑造，而且要通过后天活动来进行塑造，这是一个重构（reconstruction）和重组（reorganization）的过程。"[①] 正是在这一意义上，又基于他的经验主义立场，杜威把教育视为经验的改造或改组。只不过在该命题中由于经验具有特殊的含义，导致该命题也有着自身独特的内涵。这样一来，对杜威教育哲学思想的研究和思考必然要对经验与经验的改造或改组做出一定的了解和把握，

---

① 杜威. 民主主义与教育［M］. 陶志琼，译. 北京：中国轻工业出版社，2015：72.

否则将难以理解杜威教育哲学思想的特点以及它的重要性。

对于教育即经验的改造或改组中的经验而言，杜威是通过受教育者自身的兴趣和努力来阐述的。当然，这种经验与通常人们所理解的经验是不同的，它更是一种在教育中起到重要效用的教育经验。正如杜威在《教育中的兴趣与努力》中曾宣称的那样，"努力和兴趣一样，只是在它与行动的过程联结起来时才有意义，这个行动由于它的发展要经过相继的各个阶段，完成它要费时间。离开了所要达到的目的，努力就不过是短暂的紧张或一连串这样的紧张。"① 因此，杜威所提出的经验是与教育紧密相关的，而且这种经验必然和人们的学习兴趣以及努力相互关联着。

该命题意味着，对经验做出改造使其适用于人们的教育实践活动，并在人们的实际生活中展开教育从而使社会经验得以流传。按照杜威的理解，该命题中的经验自然包含人类社会层面的知识，对知识的继承和传播同样是一种教育途径，尤其是先前的知识作为一种经验，它在不断的传承中获得了新的含义，而这种含义则表明了该命题的意义。杜威主张，"经验的性质只有在注意到这个事实时才能够得到理解：经验包括一个主动的因素和一个被动的因素，这两个因素有着特殊的结合方式。经验在主动的方面的意思就是尝试，这个意思用'实验'这个术语来表达就十分清楚了。经验在被动的方面的意思就是承受结果。"② 这就意味着在杜威的教育哲学思想里，由于经验具有主动和被动两方面，相应地，对"经验的改造或改组"也应当从这两个方面进行，否则对该命题将难逃片面的嫌疑。正是在这一意义上，杜威也称教育为一种实验，只不过这种实验不同于实验室中所做的实验，而是对经验做出的改造或改组的实验。然而，杜威所谓经验往往和体验紧密相连。因为体验无非是个体对经历事物的直接感悟，这种感悟本身就包含着个体对事物的经验。从教育学的视域来看，该命题对于受教育者而言只不过是一种接受教育的过程，在该过程中经验已经被改造或被改组了，它的意义也发生了变化。因此，命题"教育即经验的改造或改组"中的经验绝不会固

① 吕达，刘立德，邹海燕. 杜威教育文集：第 1 卷 [M]. 北京：人民教育出版社，2008：181.
② 杜威. 民主主义与教育 [M]. 陶志琼，译. 北京：中国轻工业出版社，2015：141.

定不变，它所含有的两方面的因素都是可以发生变化的。实际上，经验的含义与时间的概念是紧密相连的，人们通常所谈论的经验往往带有时间的意蕴。因为时间作为基底对经验的改造或改组起着重要的作用，即便是对经验进行实验，那么这种实验也离不开时间的维度，并且基于时间视域的经验实验本身就是对该命题的解释。一方面，在时间的长河中，人们诉诸生活中的交往记忆把经验传承下来，并在某种意义上把经验作为一种知识予以学习，这就意味着经验具有时间方面的维度，它能够在时间中得以保存和延续；另一方面，教育作为一种实践活动它与经验是相互关联的，尤其是在对经验做出改造或改组层面，教育与经验之间的联系十分密切。如此一来，该命题必然和人们日常生活中的词语观念紧密相关。对于接受教育的人们而言，词语观念是表达经验意义的基本因素，没有这些基本因素的话，人们将无法理解经验的内涵和意义，更不用说对经验的改造或改组了。由此可见，对"教育即经验的改造或改组"来说，人们的词语观念以及时间维度都是理解它的重要因素，离开这些因素是无法理解该命题的。同时，经验也具有举足轻重的地位和重要意义。因此，对经验进行分析和阐释是理解该命题的基本前提和基础，离开经验人们将无法理解该命题的含义。

值得注意的是，经验的改造或改组与经验的重组是不同的，甚至两者之间的差异较大，它们根本无法放在一起进行比较和讨论。因为该命题中含有对经验进行创新性的理解之意，这种改造或改组把一些新的内容以教育的形式加入到经验之中，故而经过改造或改组后的经验具有了新的内涵，它不再是原初意义上的经验。与此相对，经验的重组则没有这样的含义，它只不过是把不同的经验按照不同的顺序做了调整而已，根本不涉及经验层面的创新，更不用说改造或改组了。这就意味着，在杜威的教育哲学思想中经验的改造或改组具有重要的意义，它对教育效果的提升具有不可替代的作用。因此，杜威反复强调经验的改造或改组对教育的重要性，并且主张从经验的改造或改组的维度来理解人们的教育实践活动。在杜威看来，教育即经验的改造或改组中的经验与人们的反思能力紧密相关，这种对经验的改造或改组无法脱离人们的反思能力，否则经验的改造或改组将走向失败的深渊。究其原因是没有人们反思能力的加入经验的改造或改组的结果与经验本身之间的关系将无法确定，而且人们也不能从改造或改组之后的经验中得到任何具有启示性的经验。用杜威自己的话说，"所谓思维或反思，就是识别我们所尝试的事情和所发生的结果之间的关系。……没有某种思维的因素，便不可能产生有意义的经验。我们可以根据经验所包含的思维的比例来比较这两种类型的经验：我们的所有经验都包括'试验'的一面，即心理学家所谓尝试错误法。"① 事实上，经验的改造或改组既与人们的反思能力或思维相关，也与社会经验的关系密切，即它必然是在人们的实际生活中进行的，而且还和社会环境以及社会经验相互关联着。从教育作为一种实践活动的视角来看，经验的改造或改组无非是传承和延续经验的方式而已，只不过这种方式是以教育的形式出现的，但它在本质上依旧和人们的社会经验密不可分。不容否认，教育即经验的改造或改组直接影响着教育的实际效果。如果从教育的效果出发，那么这种过程即是对教育效果的反思和探索。当然，经验的改造或改组最终的目的还是为受教育者服务的，它通过教育的形式使受教育者获得生活和生存方面的优势，以便受教育者能够在社会生活中获得相应的幸福。

总之，该命题中的经验绝非纯粹抽象理论层面的意义，它还包括教育实践活动中所涉及的现实因素。换言之，杜威所谓经验既有主动层面的意义又有被动方面的含义，但它们都是对经验的阐述。此外，该命题的成败与人们的反思能力紧密相连，如果没有人们反思能力的参与，那么教育作为一种经验的改造或改组过程是难以实现的。由此观之，该命题中的经验具有特殊的含义，它直接与教育的实际效果紧密相连。但是在杜威那里，该命题本身具有怎样的含义？它对受教育者又有着什么样的影响？

按照杜威的解释，"经验哲学自己的范围非常有限，所以需要通过感官知觉之外的有关事物的信息和比较直接诉诸思维的事物来进行补充。"② 这就意味着，杜威所提出的教育即经验的改造或改组与

---

① 杜威. 民主主义与教育 [M]. 陶志琼，译. 北京：中国轻工业出版社，2015：146.
② 同①：270.

经验哲学之间有着密切的关系，只不过对于教育即经验的改造或改组而言，它是基于教育学的视域展开的，因此它与经验哲学还是有差别的。

不容否认，"教育即生活"、"教育即生长"以及"教育即经验的改造或改组"都是对杜威教育哲学思想的表述，这些表述是基于不同的视角展开的，所以在某些细节方面它们之间存在一定的差异。但是，对于生活、生长以及经验的改造来说，它们之间的关系并非绝对孤立的而是相互联系的，这种联系往往以生命体的形式表现出来，尤其是在生命体的成长过程中，这三者的联系较为紧密。其实，在杜威的教育哲学思想中经验又被称为实验。只是这种实验是基于教育学的维度提出的，因此，这里的实验始终是围绕着教育实践活动做出的。依据杜威的理解，在具体教育实践中，经验的改造就是对教育实践过程的推进，而这种推进过程则意味着受教育者接受教育的程度。当然，教育即经验的改造则表明，对于经验的改造越彻底，这种改造之后的经验则越带有创新性的意味。所以，杜威在不同的场合中都强调经验的改造对教育实践活动的影响和意义。一方面，在杜威看来，对于经验的改造而言，它是一种基于人们的实际生活做出的改造活动，这种活动与人们的社会经验以及文化知识都紧密关联着；另一方面，对于教育实践活动来说，这种基于经验改造的视角更能表现出教育对个体成长的影响和帮助，并在一定意义上左右着个体的生长与社会经验的传承和延续。因此在杜威那里，命题"教育即经验的改造或改组"具有重要的意义和地位，它是构成杜威教育哲学思想不可或缺的组成部分。如果从经验即实验的角度来看待教育，那么经验的改造则意味着教育实践活动是基于对经验进行实验的立场展开的，它对个体进行的塑造过程则表现得十分明显。因为个体作为社会中的成员，他的成长必然和社会环境休戚相关，社会环境的改变必然影响个体的成长，而个体的成长反过来对社会环境也会造成不同程度的改变。但是，这种改变无疑是通过教育即经验的改造来实现的，究其原因是个体的成长与社会经验的传承都离不开对经验进行改造的过程，该过程是提升教育实际效果所必然要经历的。在杜威看来，"自然研究和地形地理几乎都是在室外进行的。儿童到田野和树林中去，提出关于它们的一些问题，查看树木和花朵，检验树干、叶子和花朵的区别，相互告知他们思考的东西，并应用他们的书本回答树木和植物给他们提出的问题。"①这表明，在杜威的教育哲学思想中，教育即经验改造同样适用于儿童的教育。对于儿童的教育而言，它并不能完全脱离经验而展开，脱离经验的儿童教育是不会取得成功的。因为经验和儿童的感知以及情感（特别是儿童的心理状况）相互关联着。这样一来，对于儿童而言，教育即经验的改造则意味着对其成长的影响，并且在这种影响下儿童逐渐接受社会经验，最终成长为社会中的一员。

除此之外，教育即经验的改造还意味着，对于经验来说它对受教育者的影响是不可忽视的。从教育者的角度来看，一方面，他作为未成熟的个体，总有一种趋向于成熟的意识和冲动，通过教育使该意识和冲动得到有效的控制和运行是提升教育效果的路径；另一方面，受教育者的成长与成熟都和教育即经验的改造有关，可以说对经验改造的程度直接影响着教育的效果，也会对受教育者产生巨大的影响，这种影响可能是积极方面的，也可能是消极方面的。因此，就教育即经验的改造而言，若要充分发挥它的积极意义必然要立足于受教育者自身的情况，从受教育者的视角出发，对经验做出相应的改造，使其成为受教育者成长的有利条件，推动受教育者的成长和发展。学者储朝晖在《杜威思想是中国教育现代化的重要资源》一文中曾提出，"在中国教育现代化进程中不能忽视杜威教育思想理论，其思想理论仍然是中国教育现代化的重要资源。"② 这就意味着，杜威所提出的教育即经验的改造对我国的教育事业影响深远，在某种意义上这种理论思想直接左右着教育实践活动的方向。事实上，教育即经验的改造与教育实践活动的特点紧密相连，特别是在具体教育过程中情况更是如此。在杜威看来，经验的积累和发展是在人们的社会实践中完成的，而对经验做出改造则是教育的功能之一，只不过这种功能与个体的成长过程紧密结合在一起。正是在这

---

① 吕达，刘立德，邹海燕. 杜威教育文集：第 1 卷 [M]. 北京：人民教育出版社，2008：224.
② 储朝晖. 杜威思想是中国教育现代化的重要资源 [J]. 河北师范大学学报（教育科学版），2019，21
（5）：5.

一意义上，教育即经验的改造不能脱离个体成长的社会环境，以及个体所接受的社会经验和其社会生活状况。依据杜威的观点，"任何把学科内容和教学方法割裂开来的观点从根本上都是错误的。一门科学的材料是经过组织的这个事实说明，这种材料已经服从理智了；也可以这么说，它已经被方法化了。"① 因此，在杜威的教育哲学思想中，教育方法与教育内容是统一的，它们并不是相互独立而互不干涉的。对于教育即经验的改造而言，其教育方法与教育内容同样是统一的，只是这种统一是基于人们的教育实践活动进行的，它对人们的社会生活影响深远。这表明，教育作为一种实践活动它对人们的生活有某种推动效用，而这种推动效用往往在个体与他人的交往活动中得以显现。也就是说，教育即经验的改造绝不是理论层面的说教，而是基于实际生活情况的具体教育实践活动，这种教育活动对个体的成长和社会经验的传承有着重大的意义。不过在杜威那里，经验的改造和个体的成长过程是相互关联的，个体的成长会加速经验改造的进度，而经验改造的进度又对个体的成长有着一定的反作用。正是在这种相互的促进活动中，个体的成长与经验的延续过程有机统一起来，它们都对社会经验的传承起着重要的作用。当然，杜威所提出的经验的改造绝非脱离实际的空想，而是和人们的实际生活相关的实践活动，尤其是杜威把教育也视为经验的改造则更能表现这种实践活动的特点。

由此可见，"教育即经验的改造或改组"是杜威教育哲学思想的又一表述，这种表述所突出的正是经验改造的重要性。在杜威那里，所谓经验的改造过程就意味着个体接受教育的过程，它们是相互统一而并行不悖的。在教育实践活动中，经验的改造作为一种教育形式对人们的影响是不言而喻的，而且这种改造经验的过程对经验的传承和延续也起着重要的作用。正是在这一意义上，"教育即生活"、"教育即生长"以及"教育即经验的改造或改组"都是对杜威教育哲学思想的表述，它们都是从不同视角对杜威教育哲学思想的阐释。

前面已经说到，哲学和教育同根，都是要在人的生存中，或者在经验的改造中解决问题，增长经验，但是，哲学更为偏重一般的

---

① 吕达，刘立德，邹海燕. 杜威教育文集：第1卷［M］. 北京：人民教育出版社，2008：167-168.

理论，教育更为偏重实际的操作。这也就决定了，尽管教育和哲学同根，但是，哲学对教育还是具有指导作用。所以杜威说："除非对学校教育在当代生活中的地位进行哲学工作所提供的那种广泛的同情性考察，使教育目的和教育方法富有生机和活力，否则，学校教育工作通常会变成循规蹈矩的经验主义事务。"① 我们从他对"教育哲学"进行总结时的一段话也可以看出这一点："本章在回顾了前面各章的讨论并揭示了其中所包含的哲学问题之后，把哲学界定为广义的教育理论。哲学被表述为思维的一种形式，哲学和所有的思维一样，起源于经验内容中不确定的东西，其目的是找出困惑的点并提出消除困惑的各种假设，进而在行动中加以检验。哲学思维有其特殊性，就是它所要应对的种种不确定性，出现在广泛的社会情形和社会目的之中，出现在各种组织利益与制度要求的冲突之中。因为要使各种对立倾向能够和谐地进行重新调适，唯一的办法就是改变情绪和理智的倾向，所以哲学同时是明确表述人生的各种兴趣，并提出更有效的实现各种人生兴趣的协调的观点与方法。既然教育是一个使需要的改造得以完成的过程，而不是让想做的事情永远处于假设状态，那么我们就有理由提出，哲学就是深思熟虑地指导实践的教育理论。"② 从这里可以看到人和环境的互动活动中出现了问题和冲突，要想重新协调，解决问题，就需要改变"情绪和理智的倾向"，哲学研究的就是这样一些涉及人的理想、方向的问题，并对此提出方法论的设想。教育作为一种实施的过程，贯彻落实的也正是哲学所提出的这些观点和方法。从这个角度看，杜威的带有实用主义倾向的经验论哲学对教育实际上起着指导性作用。特别是他对经验概念的理解，也直接地贯彻到他关于教育的目的、内容、方法之中去了。对此，杜威说："新教育的一些普遍原则，就其本身而言，并不能解决进步学校的任何实际的指导和管理问题。倒是它们提出了一些新的问题，需要依据新的经验哲学来加以解决。"③

首先，从教育目的方面看，传统教育往往设定某种终极目的，

① 杜威. 民主主义与教育 [M]. 陶志琼，译. 北京：中国轻工业出版社，2015：325.

② 同①：328.

③ 杜威. 我们怎样思维：经验与教育 [M]. 姜文闵，译. 北京：人民教育出版社，2005：246.

这是和它们的哲学直接相关的。传统哲学往往更为注重某种最高的社会理想，最高的人格，并且将其形而上学化，化为一种终极的原理。这种对教育目的的理解势必造成各种弊病。杜威认为，哲学家应将教育"视为人类最高的利益"，在《杜威传》中，简·杜威写道："实际上，任何有理性的人都能想到，哲学研究可能集中在作为人类最高利益的教育上；而且，其他一些问题（宇宙的、道德的和逻辑的问题）在教育中也达到了顶点。"① 而要实现教育的这种作用，就必须摒弃人们对世界的抽象理解，使哲学回到研究人的生存、生活的轨道上来。所以与传统哲学相反，在杜威对哲学的理解中，哲学的主要任务就是研究现实的人，研究人和自然、社会的互动，杜威以经验概括之。比照他对经验的理解，教育既是有目的的又是无目的的。说它无目的，是说并不存在传统教育理念中所谓终极目的，不能把教育变成培养大家、完人等的工具。但是反过来说，教育还是要教育培养人的，但人是在其经验活动中不断适应环境、不断面对问题解决问题，并在这种过程中不断成长的。而这种过程的实现恰恰需要教育，从这个意义上看，教育又是有目的的。简言之，教育的目的是以儿童为中心，在与生活的联系中，即在实践经验中，顺应其兴趣爱好，将社会的需要变为自己的兴趣，并逐步在生活实践中增强自己的技能，适应社会需要；与此同时，也实现了人的塑造。杜威认为，民主主义是社会的好的形式，那么，人的塑造，就是成为一个社会中合格的公民。

其次，从教育的内容、方法等方面看，杜威的教育理论也是出于他对经验的理解的，教育是其经验主义的具体运用，用他自己的话说是其经验主义哲学的"实验室"。我们知道，在对经验的理解中，经验具有连续性，是主动和被动的统一。反映在教学内容或教材上，既要注重既有的知识，也要注重实际生活的经验内容；既要注重固定的知识，更要注重活的经验；特别要注重探索能力的培养，包括开启探索问题、解决问题的方法。

前面说过，经验是有连续性的，它总是以过去为基础而指向未来，形成一种连续的经验链条。在这种链条中，过去的经验不是某

---

① 简·杜威. 杜威传［M］. 单中惠，译. 合肥：安徽教育出版社，1987：66.

种孤立的东西，不是僵死的教条，而往往传递到未来，形成未来解决问题的某种背景。在教育活动中，我们往往更多地触及以往经验的内容，包括在人和自然关系中形成的各种知识和技能，人和人关系中形成的社会伦理道德的经验或知识，按照经验的连续性原则，这些东西并不是死的东西，它们可以为我们以后解决问题提供有效工具，并且为我们解决新的问题、形成新的知识提供背景或前提条件。这就需要在教育中更为注重经验的连续性，避免灌输死知识，强调知识与实际的结合，注重学以致用，注重在学习中根据既有的经验开创新的经验。总之，从某种意义上来说，经验就是要为未来获得更深刻的经验提供素材。教育过程就是在遵守经验的连续性原则的基础上，从过去的经验中吸收有用的素材，并在过去经验的指导下，改进并丰富经验，以期在未来获得更丰富更广泛的经验。"教育者的任务就在于看到一种经验所指引的方向。"①

经验的交互作用原则是另外一条界定经验教育价值的重要原则。人不是孤立存在的，而是生活在一定的自然和社会环境中，并与其周围的自然和社会环境不断地进行交互作用。经验在此过程中产生并扩展。由此看来，经验的发展是由交互作用引起的。这种交互作用分为两种：一种是人与自然之间的交互作用，人通过感觉器官与自然相接触，形成互动，获得并发展经验；另一种是人通过与其他人接触，通过知识交流，从别人那里学习到经验，并利用它来解决我们自身所面临的问题，将他人经验变成我们自己的经验。

上述两条原则既互相依赖又彼此制约，共同构成经验的教育意义和教育内容、方法确定的标准。

杜威教育哲学认为：实际经验的过程与教育之间存在着密切且必然的关联。教育的重要的基本原则之一就是个人可以利用其自身已有的经验来展开学习。传统教育的错误在于忽视了——学生们并未掌握已有的经验材料——这个事实，而将他们引入更高层的知识。教材上的知识如果不能通过恰当的教学方法，将已有的经验传授给学生们，那么这些新的知识只能是枯燥的文字叙述。传统教育就是将已有的成人世界的知识和行为方式应用于儿童，而没有让其体验

---

① 杜威. 我们怎样思维：经验与教育 [M]. 姜文闵，译. 北京：人民教育出版社，2005：258.

并参与，即儿童没有获得相关的直接的经验，导致儿童对所学的知识没有好奇心，也没有兴趣，感到枯燥和乏味。这就导致两种后果：一是儿童已获得的经验并未在教育中得以丰富和巩固；二是学生逐渐养成了死记硬背、一知半解的学习态度，降低了思想的创新能力。因此，我们要做的就是将书本内容与学生已获得的经验紧密结合起来，找到它们之间的内在联系和相通之处。

所以，要坚持利用已有的个人经验开展学习的原则。由此引申出情境和交互作用这两个概念，情境，即我们所生活的环境；交互作用，即人与他所处环境中的各种事物和他人之间的相互作用。这两个概念是紧密联系在一起的。因此，我们应该密切联系学生们的生活环境，并启发学生思考，也就是对思维的培养。在具体指导教学方法上，杜威指出"必须有一个实际的经验情境，作为思维的开始阶段。"① 因此，教学与思维同步进行，使教学符合思维的发展规律：① 为孩子营造一个与现实经验世界近似的环境；② 在此环境中需要产生一个可以促进学生们思维的问题；③ 学生们需要利用已有的经验和资料，通过仔细观察和思考来找到题目的答案及摸索出解决路径；④ 利用此方法逐步解决问题；⑤ 通过实践来验证其方法的准确性并明确意义。要找到有意义的情境，必须从校外的日常生活中寻找。

## 3.4 小 结

综上所述，"经验"概念是杜威教育理论的核心。杜威在1897年出版的第一部教育理论的论文《我的教育信条》中就指出："教育应该被认为经验的继续改造，教育的过程和目的是完全相同的东西。"② 在1916年出版的近代教育经典《民主主义与教育》中，他又重新给教育下了一个定义："教育就是经验的重构或重组。这种重

---

① 杜威. 杜威教育论著选［M］. 赵祥麟，王承绪，编译. 上海：华东师范大学出版社，1981：181.
② 同①：8.

构或重组既能增强经验的意义，又能提升指导后续经验进程的能力。"① 他认为：在一个人还没有被不完整的经验所支配，没有陷入经验主义的思维定式之前，就需要着手进行教育。1938 年，杜威又指出："教育是在经验中、由于经验、为着经验的一种发展过程。"②分析可知，"教育即生活"、"教育即生长"与"教育即经验的改造或改组"都是杜威教育哲学思想的表述。但是，它们三者之间的关系绝非相互独立的，相反，它们之间有紧密的关系。因为生活、生长以及经验都和个体的成长有关，而且无论是生活还是生长，抑或是经验都对作为生命体的个体有着深远的影响。在某种意义上，生活、生长以及经验是以生命为中介相互联系在一起的整体，这种联系在教育实践活动中表现得尤为明显。杜威的教育哲学思想不是纯粹空洞的抽象理论，而是和人们的教育实际相合的思想学说。在具体教育实践中，人们往往借鉴杜威的教育哲学思想来推进教育实践活动的进程，尤其是对"教育即生活"、"教育即生长"以及"教育即经验的改造或改组"的借鉴更为显著。在杜威看来，"人天生并不了解也不关心社会群体生活的目的和习俗，因此，必须使社会群体成员，特别是新生成员认识它们，并对它们产生强烈的兴趣。教育，也只有教育，才能够完成这个使命。"③ 这表明，在杜威的教育哲学思想中，教育具有重要的意义和作用，可以说它是人们生活中的必需品，离开教育，社会群体的生活目的与习俗将无法延续下去，而且社会经验也将失去流传的途径。总而言之，无论是从教育理论的维度，还是从教育实践的视域来看，杜威的教育哲学思想都具有重要的理论和实践意义。

---

① 杜威. 民主主义与教育［M］. 陶志琼，译. 北京：中国轻工业出版社，2015：77.
② 杜威. 杜威教育论著选［M］. 赵祥麟，王承绪，编译. 上海：华东师范大学出版社，1981：351.
③ 同①：3.

# 第4章 杜威经验论教育哲学的人性理论

在杜威的教育哲学理论中，人性基础上的民主是教育的最终目标。民主是生活，是符合人性的成长，教育是在人的活动之内的，而不是人的活动之外的目标，即教育是生活的本身。民主是生长的，人在教育中也是不断成长的，这是人存在的最佳状态。民主生活的理想就是人性的实现。杜威的实用主义教育理论的核心目标就是对人的教育和改造，人在这种教育和改造中，成长自己，从而实现一种民主生活的目标。所以，要理解杜威的教育哲学，特别是他关于教育的目的论的思想，需要对杜威关于人、人性的理解作以探讨，并且需要进一步对他关于符合人性的生活，即民主的生活作以探讨。

## 4.1 杜威关于人性的理解及其假设

由于教育的对象是人，因此关于人的问题的讨论是教育论中的重要课题。在杜威看来，传统的教育理论往往设置某种超绝的理想来规范教育的目标，这种教育理论实际上遵行的是一种外在的目的论。针对此，杜威认为教育并不存在传统上理解的那种固定目的。但是教育却不能没有目的，教育的对象、主体是人，人在教育中不断生成、完善自己，从而成就一种更好的生活，他把这种生活的性质称为"民主主义"，这就是教育的目的。由此看来，教育的目的就在人和人的本性之中，教育的理想目标——民主主义也是更为符合人性的理想生活，所以可以说这是一种内在的目的。按照这样一种思路，人的活动和目标、教育的过程和教育的目的不是外在的、分裂的，而是内在统一的。

## 4.1.1 人性不变论与人性可变论

与其他实用主义者有所不同的是，杜威更为注重人性及人性的改造问题。传统上关于人性的理解，首先一个问题就是人性可变不可变的问题以及人性的善恶问题，这两个问题又往往结合在一起。在前一个问题上，杜威强调人既有不变的部分又有可变的部分，是二者的统一；在后一个问题上，他主张人性无善无恶论，人性中并不存在先天的恶，因为人性是可以在教育中塑造的。因为前一个问题对于其教育哲学最为重要，并且可以在某种程度上容纳第二个问题，另外，杜威对于人性的可变性与不变性等问题有较为明确的论述，所以在这里作主要介绍。

杜威认为，人性由不变和可变两部分组成。从生物学、心理学等角度，人性的不变部分包含着一些先天的生理需要和心理倾向，我们往往称之为本能。这些本能都出自人的生存需要，有的属于个人生存需要，比如对饮食的需要，有的属于群体生存的需要，比如从众、合作等原始需要。总之，前者属于个体的自保，后者属于群体、族类的自保，这些倾向是不变的。杜威说："我所谓'需要'，是指人们由于其身体构造而表现的固有的要求。例如对饮食的需要和对行动的需要，等于是我们存在的一部分，因此不可设想在任何情况下，这些需要会停止存在。"[①] 由此看来，对于人性中的本能需求，以及建立在这些需求之上的心理倾向，即传统哲学中称为非理性的东西，杜威并不贬斥，而是承认它们在人性中的重要地位。

但是，杜威认为，尽管本能需要发挥内在作用，需要实现，但是实现它们的方式却是千差万别的，并且是不断发展的。比如，谈到战争，战争的产生确实表现了人性中不变的部分，比如为了自保、为了生存的那种争斗性。但是这种争斗性以某种战争的形式表现出来，却和后天养成的习惯、社会趋势等社会条件的影响直接相关。尽管争斗性的本能始终如一，但战争的表现形式却是各种各样，不仅如此，争斗性的表现甚至可以以其他形式表现出来。杜威说："这些本性的因素之种种表现是可改变的，因为它们常为风俗和传统所

---

① 杜威. 人的问题［M］. 傅统先，邱椿，译. 上海：上海人民出版社，2014：157.

影响。战争的存在并非由于人有斗争的本能，而是由于社会情况和势力导引，差不多强迫这些'本能'走上战争的道路。"① 杜威坚决反对那种过分强调本能的决定作用的看法。他说："承认了在人的本性的构造中有些不变的因素的这个事实以后，我们容易犯错误的地方是从这个事实所做出的推论。我们假定这些需要的表现方式亦是不变的。我们假定我们习惯了的表现方式如同其产生的需要一样，都是自然的和不可改变的。"② 这种观念表现在教育上，大大缩小了教育的空间，抹杀了教育的必要性和重要性。因为"如果人性是不变的，那么就根本不需要教育了，一切教育的努力都注定要失败了。……如果人性是不可变的，我们可能有训练，但不可能有教育。"③ 反过来说，杜威也反对认为人性可以无限制地改变的过激主义者，"过激主义者忽视根深蒂固的习惯之势力。……他认为欲望、信仰和目标的范型没有一种力量像已被推动的物质对象的原动力，或像同一对象在静止时的惰性或对运动的抗拒力，他的这种想法是错误的"④。

总之，杜威批判地指出了人性可变论与人性不变论的不足，认为二者是有机地结合的，并据此论证了教育的重要性。教育既要尊重人性中的不变部分，善于引导和训练，同时更要注重人性中的可变部分，因为正是这部分，决定着人们以一种更好的方式实现自己的需要，而这恰恰是教育的重中之重。

### 4.1.2　人性与民主的关系

通常在政治层面来理解民主，认为民主是一种社会政治制度。但杜威的民主主义比这种理解要广泛。它不仅指的是社会制度，更重要的是指一种建立在人性基础上的社会理想和生活样态。也可以这样说，民主主义是一种最合乎人性的生活方式，是一种最符合人性的社会理想。"一个民主国家不仅仅是一种政府的形式：它主要是

---

① 杜威. 人的问题［M］. 傅统先，邱椿，译. 上海：上海人民出版社，2014：159.

② 同①：158.

③ 同①：162.

④ 同①：162.

一种共处生活和共同交流经验的方式。"① 当然，教育的目的就是这种民主主义的生活。

这样，就存在着两个层面的"民主"，一个是民主的政治法律制度，另一个是人性的民主素质，包括心理层面的民主意识、生活及理想等。这两个层面是互相补充、促进的。按照杜威的理论，他的侧重点则更为偏重从人性方面培育人的民主素质，建立一种民主生活的理想。他的这种偏重适合美国当时的国情。民主制度的确立已成事实，但是，由于美国是一个移民国家，人们相应的民主素质无法适应社会的需要，而杜威明确地意识到，民主的理论和教育就是很重要的，它能提升人的民主素质，做一个民主制度下的合格公民。不仅如此，他试图论证民主的生活和制度是最为符合人的本性的。因而，缺乏对人性的认识，民主则无从谈起。"民主的基础是对人性之能量的信赖，对人的理智，对集中的合作性的经验之力量的信赖。"②

杜威在《自由与文化》一书中论述了民主与人性的关系。他把二者之间的关系比喻为正在上演的三幕剧，而最后一幕还正在表演之中，没有完成，我们就是正在表演的剧中人。这个剧的大致内容是这样的，第一幕：简化人性内容，进而利用其来促进和解释存在于当时的某种新兴的政治运动。约翰·斯图亚特·穆勒利用心理现象来解释社会现象，他认为一切社会现象乃是人性的现象，人性现象服从于一定的规律，社会现象也会服从一定的规律；第二幕：在人性中设置政治和道德权威，这被认为是混乱和冲突的根源；第三幕：民主是在考虑人性的基础上的一系列的政治制度和法律。与非民主相比，当前的民主制度给予人性更自由的活动空间。

杜威认为：在讨论人性对民主影响的时候，必须要结合当时的社会观点和社会现象进行综合分析理解。"甚至当我们谈到倾向和冲动这些人性中的真实原理性的东西，如果我们不能消化当时整个的观点，那么仅仅这些因素自身不能解释任何社会现象。"③ 譬如，英

---

① 杜威. 民主主义与教育 [M]. 陶志琼，译. 北京：中国轻工业出版社，2015：87.

② 杜威. 新旧个人主义：杜威文选 [M]. 孙有中，译. 上海：上海社会科学出版社，1997：3.

③ DEWEY J. Freedom and culture [M]. New York：G. P. Putnam's Sons, 1939：109.

国哲学家托马斯·霍布斯就认为需要有强制力量来限制人们内心的愤怒和贪婪等类似冲动，否则性本恶的人类将会爆发冲突甚至失控。社会需要绝大多数人将自然权力交付于一个人，这个人是绝对的权威，由他来维持社会和平并抵御外敌。杜威批判了这种观点。"冲动（不管给它什么名称）本身对社会而言，既不是有害的，也不是有益的。其意义取决于实际所产生的结果，而这些结果又取决于它所赖以活动和起相互作用的条件。这些条件是由传统、习俗、法律、公众的赞成和反对，以及所有构成环境的条件所建立的。"① 杜威认为：人性没有善恶之分，只分为可变部分与不可变部分。其中生存需求部分是不变的部分，而人的社会属性部分则是可变的部分。一个时代的人性观点通常源于这个时代的社会观点和趋势。因此，杜威认为尽管人体各器官只能进行一定范围内的改造，但天性却是可以在很大程度上被改造的，这也是杜威的民主主义的基础。除此之外，杜威也批判了基于完全利己主义的人性构成理论。但由此理论应运而生的个人主义运动使西方民主制度开始考虑人性问题。但由于相关理论的缺失，民主所采取的方法及由此产生的结果只是一种延续下来的大家自觉遵守的传统和习惯，这是十分不稳定的，当周围环境或习惯发生改变，这种方法和结果就会轻而易举地被破坏。所以，杜威认为现行民主制度需要建立一种符合自身发展的人性心理学理论，以适应周遭环境的变化。政治民主制度建立至今已经发生了巨大的变化，除了已经建立起来的行政制度外，诸如文化教育、科学艺术等方面的人文主义对民主也有着重要的影响，而不仅仅是道德上的规劝。我们必须认真思考这个过程并检查这个理论以确定影响人性实现的可能因素。

由此可见，与霍布斯相反，杜威认为民主与人性没有冲突，通过教育手段可以改变人性中的可变部分，进而实现民主。

### 4.1.3　经验论的人性假设

前面已经论述到杜威关于经验的理解，在杜威看来，人满足自身需要的方式，即人性中的可变部分正是在经验中不断发展完善的。

---

① DEWEY J. Freedom and culture［M］. New York：G. P. Putnam's Sons, 1939：111.

不仅如此，在这种发展变化中，也会不断产生建立在原有需要基础上的新的需要和新的活动。所以从总体上来说，人性是在经验中即在人和环境的互动中发展的。如果比较传统哲学对人的理解，参考学者们的相关思考，可以将杜威的这种观点称为"经验人"的设定。传统的哲学有的把人理解为一种来源于神圣世界的人，例如宗教神学；有的则将人片面地设定为理性人，认为人的本性就是理性，从亚里士多德开始，传统的理性主义者就是这样看待人的。而对于理性，人们的理解也有所不同，有的把它理解为思维的功能，有的把它理解为一种超经验的性质。但是按照杜威的经验主义原则，包括思维和一些超经验的理性规定，实际上都是在经验中形成的，都可以包含在经验活动的范围之中。或者说，都源于人与环境互动的生存活动。人尽管有其不变的本能，但是这些本能也必须在经验中才能实现出来，并且在这种实现过程中得到发展，所以人性是在经验中发展、变化和完善的。

杜威的关于"经验人"的人性假设对其哲学思想影响很大，具体内容包含以下三个原则：① 人与环境是有机统一的整体，是相辅相成的；② 经验不但能展示出人类自身的价值，也能使人实现"成长"；③ 人的本能需求也是通过经验表达出来和获得的，经验进而还对这种需求施加影响，使其改变。我们知道，动物也有自己的本能需要，但是它们满足需要的方式基本上停留于本能之上。所以对于动物来说只能训练而无法教育。人与动物不同，经验就是他的生活。在经验之流中，人不仅能够保有过去的经验，并且能够以过去的经验为基础，开拓出新的经验。在经验活动之为人与自然的互动中，人有被动性，但最重要的是他的主动性，表现为一种不断向前生长的探索活动。不仅如此，人自身的本性也恰恰在这种人对自然的交互活动中得到了发展。比如人的出于生理的需要在人与环境的交互过程中，也在不断地变换形式，并且产生出新的需要。总之，经验的连续性、整体性、探索性，使人性也在其生存活动中不断发展。而教育恰恰渗透于这种发展之中，成为经验不断持续、人性不断发展完善的重要活动。

综上所述，人性不变论与人性可变论是杜威人性思想理论的核心内容，而"经验人"的人性假设是其中具有鲜明特色的部分，最后通过讨论人性与民主的关系将他的全部思想理论联结为一个整体。

## 4.2 杜威人性论的教育内涵

由上述杜威的人性假设改造的基本观点出发，杜威对教育的改造体现在以下 3 个方面：① 人性的可变性和生长性。通过教育，使人性向着所期望的方向改变和生长。② 人性与环境之间的交互性，尤其是人性的社会性。杜威在教育理论中强调人与人之间的交往自由、民主等原则，与人性中本能冲动的社会性相呼应。利用人性的社会性将人与人联系起来构成资源共享的共同体。③ 人性具有有机统一的整体性。知与行是人认识和改造世界的两个方面，杜威在消弭了传统二元论巨壑的基础上，利用具有教育意义的经验，将二者有机结合，认为二者是一个统一的整体，这与我国明朝思想家王守仁提出的"知行合一"不谋而合。进一步表明人性的可变性和"行动人"的特性。

### 4.2.1 人性的可变性和生长性

将杜威与卢梭进行比较，可以更深入地了解杜威对教育学的人性假设改造。首先要提到的是杜威赞同的法国教育哲学家卢梭。卢梭把人性的发展分为两个阶段：第一次诞生和第二次诞生。第一次诞生指出生，此时的人性是感性的，基本原则是需求和作用。孩童时的人有各种本能的生理需求、需要保护自己、探索周围世界，但缺乏各种社会性的情感，此时的人被称为"自然人"。我们对自然人的教育目的是让其具备接受下一阶段教育的能力。第二次诞生主要是指人的社会性的萌发，是精神层面的，理性的。基本原则则是各种社会性的情感。此时的人需要参与到社会生活中，需要形成各种观念、欲望、信念，以及同情、憎恨等情感，拥有需要与其他人共同参与到社会生活中的愿望。此时的人具备两方面特征，一方面是具有各种基本生理需求的"自然人"，另一方面是能够自我判断并感受他人的、已经具有接受教育能力的"社会人"。自此，不同于第一阶段被动教育的，具有社会性的、主动的、积极的教育在人类的少年时期（详见下一段的教育阶段分类）开始。

卢梭的教育思想是自然教育思想，主要阐述在 1762 年出版的《爱弥儿》这本书中。卢梭意识到传统教育违反自然规律的弊病，提出了顺应自然的自然教育思想。他认为，教育必须服从自然法则，才能够促进儿童身心的自然发展。他把培养身体与心灵平衡发展、具有自由天性的人称为"自然人"。他的自然教育的目的就是为了培养"自然人"。他反对压制、束缚儿童的传统的教育方式，主张尊重儿童的天性、按照儿童自身发展规律来进行教育，在活动中通过直接经验主动地获取知识。在此基础上，卢梭将人的教育分为 4 个阶段：① 婴儿期（0—2 岁）：此阶段的唯一目的就是保障婴儿身体的健康发育，让孩子自由活动、自由探索。② 儿童期（2—12 岁）：以锻炼儿童感觉器官、积累感觉经验为主，为进一步理智、判断能力的形成奠定基础。此时的儿童不需要接受智育，也不应被灌输知识和道德，只是使其具备接受进一步教育的能力。③ 少年期（12—15 岁）：开始正规教育，学习"有用处"的、关乎自然的知识，而不是人文知识。要以培养他们的学习兴趣为主，在产生学习兴趣的基础上教授研究的方法，以及各种与学习相关的能力。④ 青年期（15 岁至成年）："要对儿童进行道德教育，包括培养善良的感情、正确的判断和良好的意志，还应该开始学习大量的人文学科知识。"[1]

由卢梭的上述表述可以看出，卢梭认为早期教育（15 岁之前）是消极的教育，是按照自然发展规律发展的，其目的是为接下来的教育打基础。第二阶段的教育（15 岁之后）才是培养有德行的人的真正的教育，此时培养的是人的社会属性。学会如何为人处世，如何具有爱和美德，如何适应社会，成为一个有德行的人。与前期相比，后期的教育是积极的、具有引导性的，可以培养出适应并改造社会的真正意义上的"自由人"。

结合欧洲 18 世纪的启蒙运动的历史背景和当时所处的环境，热衷于改造社会的卢梭提出了几个重要的、值得后继哲学家和社会学家深入研究的命题。① 对于人的认识。从古至今，诸多哲学家所研

---

① 朱永新. 中外教育思想史［M］. 南京：南京大学出版社，2015：197.

究的内容多是围绕人的问题展开的，而对于我们自身的知识却知之甚少，需要进一步去了解。② 教育。教育可以改变人性，使人能够更好地生活在社会群体中。因此教育是必不可少和至关重要的。

由上述关于卢梭教育思想的论述可以看出，卢梭所处的 18 世纪的"个人主义理想"的"主要旨趣在于关注社会进步。这个表面看起来反社会的哲学观对于促使社会走向更广阔、更自由——走向世界的大同来说，是个有点显眼的面具。"① 卢梭对于人的认识具有强烈的社会属性，通过教育改造人去适应社会，进而改造社会，使社会更加符合人的本性。卢梭的自由人概念中的自由人所指的是一个连续发展、身心有机统一为一个整体的人，在社会活动中自由交往并参与民主，并在此过程中会逐渐改变人性可变的一面，这与杜威的人性假设思想相一致。

### 4.2.2　人性与环境之间的交互性

由于赫尔巴特和杜威的人性假设不同，导致赫尔巴特的教育思想最终走向了身心分离的、注重完善内心世界的二元论。而杜威则在人性与环境的交互过程中实现了身心合一的有机统一。通过二者的比较，可以让我们更清楚地认识杜威的教育哲学思想。

赫尔巴特是德国教育家、哲学家和心理学家。他的教育理论对整个西方的近代教育产生了深远的影响，是近代教育学的开拓者。他的教育学体系的重要特点是重视教师的主导作用，并对儿童进行严格的管理，提出了著名的"形式阶段理论"。赫尔巴特认为，教育具有双重目的。其一，道德是教育的最高目的。人只有具备了道德，才不会危害社会。不同于能力发展，道德的发展是无止境的。任何人都可以培养出理想的道德。道德主要表现为"内心自由"、"完善"、"仁慈"、"正义"和"公平"这五种道德观念。此目的体现了社会对人的思想上的要求。其二，教育的"选择性目的"为培养儿童的兴趣和能力，为以后的职业选择做准备。体现了社会对人的能力的要求。

为了实现教育的最高目的——道德，赫尔巴特认为，训育和教

---

① 杜威. 民主主义与教育 [M]. 陶志琼，译. 北京：中国轻工业出版社，2015：91.

学是实现这一目的的手段。首先，训育，即道德教育，是通过有目的的教育，完善学生的道德品格。通过促成学生的自我教育，实现学生可以按照自己的想法去限制和鼓励自我的行动。这就决定了训育中的教育者充当的是帮助和促进的角色。其次，教学手段是其教育体系的核心。教育与教学是相辅相成、缺一不可的。教师要将教育目的融入到教学中去，在知识教育的基础上培养学生的道德。教学的目的在于培养学生具有不同的兴趣，构建自己与众不同的特性。

赫尔巴特认为应该通过寻找适合教育儿童的教学理论来引导儿童发展，并提出了著名的教学的"形式阶段理论"，把教学过程分为清楚（明了）、联合、系统和方法等四个阶段。各个阶段的主要内容如下。

"（1）清楚。这是教学过程的第一步，由教师传授新教材。……在这个阶段，学生主要的任务是明了各种知识，进行静态学习。

"（2）联合。……在这个阶段中，教学的主要任务是使学生的新旧观念之间建立联系。……教师主要采用分析教学和学生进行无拘无束的自由谈话，使新旧知识之间产生联合。

"（3）系统。经过'联合'阶段后，学生的新旧知识和观念之间已产生了一定的联系，但是，还不系统。还需要学生进行一种静止状态的'审思'活动。……学生的心理活动是'探究'。在这一阶段，教师主要采用综合教学。

"（4）方法。这一阶段是学生对观念的进一步深思，表现为一种动态的审思活动。这时，学生要通过实际的练习，使已获得的系统知识付诸运用。"[①]

上述四个阶段之间是环环相扣，符合学生的心理发展规律的。这也是该教学理论具有科学性的原因所在。

此外，如果在教学中遇到与已有的知识或观念相抵触的新事物，此时就需要教师帮助学生激发"创造性思维"，利用相类似或接近的知识或观念来解决问题。这就与学生良好的记忆力和丰富的想象力相结合，因此，这两方面的培养在赫尔巴特的教学论中是至关重要的。

---

[①] 刘新科. 外国教育史［M］. 武汉：武汉大学出版社，2012：138–139.

通过之前论述的杜威的教育学人性改造和赫尔巴特的教育论，我们分别厘清了两人的教育理论。下面通过二者教育理论的比较，帮助我们更好地理解杜威的教育哲学思想。① 从哲学角度。从上述赫尔巴特的教育思想中，我们不难看出，赫尔巴特教育论是建立在他的实在论的基础之上的。他的实在论是古典哲学身心分离的二元论的延续。因此，他的教育理论以经验与理性的二元论为前提，且理性高于经验，需要通过理性的综合分析判断，将繁杂的充满不确定性的个别经验上升到具有一般规律的理性层面，进而再去指导实践，并对获得的理性进行完善。而杜威教育哲学则是建立在其经验哲学的基础之上的，其经验哲学又是通过改造传统哲学完成的。杜威利用达尔文的进化论思想，将传统哲学中的"身心二分""经验与理性二分"的二元论转变为身心、经验与理性是有机统一的整体论。② 从人性假设方面。杜威与赫尔巴特的人性假设的含义是不同的。表面上看，赫尔巴特认为人具有可塑性，这与杜威的教育学人性假设中第一层面的人性可变论是一致的。通过深究教育的目的、价值，以及相对应的教学理论，二者之间具有显著的差异。赫尔巴特的人性假设是以二元论为前提的，所注重的是具有分析归纳能力的"理性"，而杜威的人性假设则是以有机统一体为前提的，注重的一是不断生长着的经验，二是通过参与社会活动，具有明显社会性的民主。③ 从研究主题来看。赫尔巴特的研究主题分为教育目的和方法两部分。教师通过教学等教育方法实现道德和兴趣两大目的。但诚如赫尔巴特所说，能够给出教育学可能性和界限的心理学还处于探索之中。此外，赫尔巴特也意识到教育需要有组织的试验和实践，但他的教育学依然带有理想的思辨痕迹。实施试验和实践的"学校"很少出现在他的教育体系中。④ 从培养目标。二者深层次的哲学基础不同，导致他们的培养目标也是不同的。赫尔巴特的培养目标是理性精英，是个性全面发展、几乎没有社会活动的完美的理性的人；杜威的培养目标是能够通过民主生活，适应并改造社会的普通人。在教育学人性假设的初级层面上，两人相同，都认为人性是可变的，具有可塑性，并且人性是向好的。但当进行深层次的探究的时候，二者的思想就渐行渐远了。赫尔巴特强调人性中的理性，而杜威则认为教育学中的人性除了理性之外，还存在着许多本能和冲动，具有社会性，也是"行动人"。这导致了他们在教育学理论中诸如教育目的、教育对象、教育方法和教育过程等方面的诸多差异。

### 4.2.3 人性具有有机统一的整体性

杜威教育学的研究主题也是由教育目的和方法两部分组成的。但相应的内涵已经大不相同了。杜威教育学中的教育目的是将目的与实施过程有机结合起来的，不是传统教育中固定不变的带有强制性色彩的教育目的。杜威认为："目的的含义是指井井有条的有序活动，在这个有序活动中，次序就是一个过程的循序渐进的完成。"[①]目的贯穿整个行动过程，并为可预见的结局指明方向。

杜威的教学方法是受教育目的明智指引的行动方法。教师通过学校、利用教材组织实施教学。由此看来，杜威更重视学校、重视因材施教的教材。与赫尔巴特相比，杜威的教育理论具有较强的现实性，着重阐述教育与社会改造的关系的问题；而赫尔巴特的教育思想则多了一些思辨哲学的内容，强调教育与个人发展之间的关系问题。二人分别阐述了教育与社会和教育与个人之间的关系，这也正是教育学理论体系中的两个重要的方面。

## 4.3 小 结

总之，杜威所提及的人性是理性思维、感性思维、自然、社会、环境等多方面有机统一的整体。究其教育学意义，可分为两方面：第一，杜威所有的教育思想都是基于人性可变论的基础之上的，由于人具有未成熟性和可塑性，且人性可善，因此，通过教育可使人向着智慧和德行等好的方向转变；第二，人性的改变是通过经验来完成的，此经验是人在与环境的交互中所形成的，因此，在人性中包含了多方面的可变的属性，这些属性即人性的特征，也是杜威赖

---

① 杜威. 民主主义与教育［M］. 陶志琼，译. 北京：中国轻工业出版社，2015：101.

以实现其改造目的的基础。杜威一系列改造的根源在于与其教育、哲学和社会改造交织在一起的人性假设改造。既然人性可变，那么就需要通过科学的方法和途径，以及正确的引导来完成，这就需要由教育来完成。教育的目的就在人和人的本性之中，教育的理想目标——民主主义也是更为符合人性的理想生活。因此，教育是通过对可变人性的科学正确的引导，而实现民主生活的理想目标的。

# 第 5 章　杜威经验论教育哲学的当代价值

　　杜威教育哲学思想自传入中国以来便受到人们的重视和青睐，许多学者都对该思想进行过研究。可以说，在中国教育学界杜威教育哲学思想具有重要的意义，这一意义既包括教育理论层面的，也包括教育现实层面的。正如学者涂诗万在《行行重行行：杜威教育思想研究在中国》一文中所言，"近百年的杜威教育思想研究历程，既有光荣与梦想，又有曲折和辛酸。……从研究的思想类型看，百年研究历程是一个从实验主义到绝对主义，再重回实验主义的历程，行行重行行，这个历程负载了几代中国学人对现代教育的艰辛求索。"① 这就意味着，在中国教育学术界杜威教育哲学思想一直是研究和关注的对象，它对中国教育思想界具有重要的影响和意义。

　　从杜威教育哲学思想的论述来看，它的理论意义在于提出了教学方法与教育内容相统一的观点，以及消解了教育价值"二元割裂"论的主张。在杜威看来，实现教育目的的前提必然是教学方法与教育内容的统一，如果离开这一前提，那么将无法实现教育目的，教育的价值也无法彰显。其实，杜威对教育价值"二元割裂"论的消解也包含着他所主张的教学方法与教育内容相统一的观点，只不过在杜威的教育哲学思想中教育价值往往和教育实践目的相互关联着。此外，其现实意义既体现在对传统教育的批判方面，又体现在教育目的与道德教育论合一的主张方面。通过对其教育哲学思想的阐释不难发现，对经验与经验原则的阐述是其教育哲学思想的创新，这种创新不仅贯穿在经验原则与教育理念的融合上，而且还渗透在教育哲学与经验的改造层面。总体而言，杜威的教育哲学思想具有重要的理论和现实意义。

---

① 涂诗万. 行行重行行：杜威教育思想研究在中国 [J]. 华东师范大学学报（教育科学版），2014，32（2）：123.

# ⚡ 5.1　杜威经验论教育哲学思想的创新

在教育学领域中，杜威的教育哲学思想作为一种"孜孜不倦地探索现代教育"① 的思想学说具有重要的意义。从杜威提出的"教育即成长"与"教育即生活"等观点中不难发现，他的教育哲学思想在某种程度上所宣称的正是"教育向生活的回归"②。杜威作为教育家，他提出的教育哲学思想的创新之处不仅体现在有关经验原则与教育理念相互融合的论述之中，而且还体现在他的教育哲学思想基于教育的维度对经验的改造方面。关于经验，杜威在《哲学的改造》中言道，"生物体按照自己的机体构造的繁简向着环境动作。结果，环境所产生的变化又反映到这个有机体和它的活动上去。这个生物经历和感受它自己的行为的结果。这个动作和感受（或经历）的密切关系就形成我们所谓经验。"③ 显然，在杜威的教育哲学思想中经验具有特殊的含义，它并非经验论意义上的经验，而是与个人生活的社会紧密相关的经验。相应地，杜威提出的经验原则在其教育哲学思想中亦然具有特定的含义，这种经验原则和他所主张的教育理念是相互融合的。

## 5.1.1　经验原则与教育理念的融合

按照杜威教育哲学思想的观点，在某种意义上经验有时指的是实验的意思，这种经验即实验的说法源于杜威教育实践中的教育理念。杜威是实用主义的典型代表，这种实用主义的立场必然会在其教育哲学思想中显现出来。如前所述，杜威不仅主张教学方法与教育内容的统一，而且还提出经验原则与教育理念相互融合的观点。这就意味着，杜威的教育哲学思想对教育问题的思考是从理论和实践两方面进行的。因此，经验原则与教育理念的融合是杜威教育哲学思想的创新，这种创新是其在具体教育实践中获得的。当然，即

---

① 单中惠. 现代教育的探索：杜威与实用主义教育思想［M］. 北京：人民教育出版社，2002：16.

② 张云. 经验・民主・教育：杜威教育哲学［M］. 上海：上海社会科学院出版社，2007：195.

③ 杜威. 哲学的改造［M］. 许崇清，译. 北京：商务印书馆，1933：46.

便是这种教育哲学思想的创新也不能脱离个人的社会生活经验，否则它就不能称为创新。

依据杜威的说法，"经验本身主要由存在于人与其自然和社会环境之前所维持的各种主动关系构成。在一些情况下，活动的主动性体现在环境方面：人的努力会遭受某种阻挠。在另一些情况下，周围事物和人的行为使个人的主动趋向获得成功的结果，所以，最后这个人所承受的结果就是他自己竭力想要创造的结果。"[①] 这表明，在杜威的教育哲学思想中，经验的主动性和被动性对教育的结果有不同的影响和效用。如果能够合理地运用这种经验，那么它在教育实践的过程将发挥良好的效用，相反，如果不能恰当地运用经验，则这种经验必然会在教育实践的过程中阻碍教育效果的实现，并对个人的成长产生消极的意义。正是在这一意义上，作为实用主义典型代表的杜威将经验又视为实验，通过实验来检验经验是否对教育的效果存在积极的作用。"由此产生的逻辑结果是一种新的经验哲学和知识哲学，这种哲学不再把经验与理性知识及解释对立起来看待。经验不再是仅仅总结过去用偶然方法所做的事情；经验是对所做事情的慎重控制，使我们自身发生的事情和我们对事物所做的事情尽可能富有启发意义，又是检验这些启示有效性的手段。"[②] 因此，杜威在教育实践中比较重视经验对教育实践过程的影响，并且把这种经验作为一种检验的手段应用到具体教育实践之中。之所以如此，一方面是由杜威的实用主义哲学立场决定的，这种哲学立场使其必然关注教育的实际效果，从教育的实效方面评价教育实践的优劣；另一方面则是由杜威的教育理念决定的，这种教育理念主张教育始终是人的教育，它的核心就是教育人，使人成为社会化的人。这样一来，经验原则必然被杜威运用到具体教育实践中，而且它还会成为检验和评判教育效果的尺度。当然，杜威提出的经验原则绝非纯粹理论化的检验尺度，而是和个人受教育的社会经验紧密相连的经验原则，该原则直接和个人的成长以及社会生活环境紧密联系在一起。因此，这种经验原则才能在教育实践中发挥应有的效力，并为

---

① 杜威. 民主主义与教育［M］. 陶志琼，译. 北京：中国轻工业出版社，2015：273.
② 同①：272.

个人的成长提供有益的帮助。就杜威提出的"教育即生活"而言，它在某种程度上也是指通过教育使个人获得在社会中生活好的能力，并强调个人基于这种生活能力更有利于接受继续教育的事实。即便如此，经验与经验原则在教育实践中的效用也是不能忽略的。可以说没有经验作为基础，教育实践活动将无法开展下去，更不用说这种教育的效果了。正是基于此种原因，杜威的教育哲学思想反复宣称经验与经验原则的重要性，同时主张把经验原则贯穿在教育理念之中，并以这样的方式展开教育实践活动，使教育真正成为个人获得成长的有利途径。此外，关于杜威教育哲学思想中教育与经验的关系问题，学术界有不同的观点，这些观点争论的焦点在于教育到底是经验的改造还是经验的重构。学者刘彬认为，"'教育是经验的改造'或'教育是经验的重构'的核心是经验（experience）以及改造或重构（reconstruction）。'经验'是这一经典思想的基础。"①也就是说，对经验的理解直接影响着对"教育是经验的改造"的解释，这也是杜威这种提法引起争论的原因。一方面，由于英语与汉语之间确实存在差异，在翻译的过程中难以精确地把握经验一词的原有内涵；另一方面，在杜威的教育哲学思想中，经验具有多种含义，它并非纯粹的单义化词汇，因此，在具体论述中难免会存在多种意义并存的现象。所以，对教育与经验问题的理解必然要结合具体语境展开，否则将无法真正理解二者的关系。

然而，在杜威的教育哲学思想中，教育与经验的关系被表述为"教育是经验的改造"。这就意味着，教育作为经验的重构这一提法是不成立的，它并不能真正说明教育与经验的关系问题。学者刘彬基于杜威的教育哲学思想通过对经验的改造与经验的重构的分析得出，教育不是经验重构的结果，而是对经验改造的结果。这一观点与杜威教育哲学思想中关于教育与经验关系的论述相符合。换句话说，即便是在某种意义上经验的重构能够起到教育的作用，但在杜威的教育哲学思想中，教育始终是经验的改造而不是经验的重构。但是，经验与知识之间同样存在着紧密的关系。在杜威看来，把知

---

① 刘彬. 教育是经验的"改造"还是"重构"：重温《民主与教育》[J]. 现代大学教育，2019（6）：17.

识视为一种历史产物的观点由来已久，这种观点能够追溯到古希腊时期。因为在古希腊时期人们认为经验往往和实践事务相关，而知识与实践事务的关联较小，在某种意义上知识就是知识本身，它的形成可以在心灵中找到。如果把知识看作灵魂的回忆，那么这种回忆必然和历史紧密相关。按照杜威的解释，"最好的经验表现在各种各样的手工艺术之中——即和平和战争的艺术之中。补鞋匠、吹笛手和士兵，他们都要经过经验的训练才能获得技能。这就意味着在反复与事物接触后，身体器官特别是感觉器官产生的结果会得到保存和巩固，知道确保获得了预见能力和实践能力才会停止接触。"① 这表明，任何技能的获得都和经验相关，它是学习者通过不断的训练获得的。在社会实践中一旦这种技能或技艺被学习者掌握之后，那么针对该技能或技艺的训练就会停止。如果说教育的目的之一是使受教育者获得在社会中生活的能力，那么这样的教育必须要立足于受教育者自身的生活环境及其社会经验，否则该教育目的将难以实现。实际上，社会经验与知识的传承都离不开教育，在某种意义上教育是人们生活中必不可少的组成部分。究其原因是个人作为社会中的一员若要获得有利的生活条件，他就要与社会中的其他成员融洽相处，并在相互交往的过程中获得生活所必需的物品。对于文化知识的传承而言，教育所充当的角色亦然是不可替代的，离开教育过程，文化知识的传承将无法进行下去。所以，杜威提出的"教育即生活"的观点无非是想表明这样一种教育理念，通过经验的积累和传承使受教育者能够成为教育的继承者和传播者。当然，这种继承和传播是在具体生活中完成的，而经验原则与教育理念的融合正是杜威教育哲学思想所主张的。在杜威看来，"社会生活不仅和交流完全相同，而且一切交流（即一切真正的社会生活）都具有教育性。做一个交流的接受者，就会获得更为广泛的和改变过的经验。一个人分享别人所想到的和所感受到的东西，他自己的态度就会多多少少有所改变。交流的发起者也会受到影响。"② 如此一来，杜威必然会将经验和经验原则与其教育理念相互结合起来，并在一定程

---

① 杜威. 民主主义与教育［M］. 陶志琼，译. 北京：中国轻工业出版社，2015：263.
② 同①：5.

度上强调经验对教育和交流的影响。因为交流作为一种传达经验的途径，它对经验的传承与教育内容均有影响，并且诉诸交流的教育会以更为便捷的方式使受教育者受到相应的教育。这就意味着，经验原则在杜威的教育哲学思想中具有重要的意义和位置，同时，这一原则必然与其教育理念相互融合共同组成其教育哲学思想的内容。

总之，对经验和经验原则的强调是杜威教育哲学思想的独特之处。从教育学的视域看，杜威将经验原则与教育理念相互融合的做法不可谓不是一种创新，这种创新主要阐明的是经验和经验原则在教育实践中的作用和意义。也就是说，作为实用主义哲学家和教育家的杜威，在其教育哲学思想中经验始终占据重要的位置，它在教育实践中发挥的效用更是不容小觑的。除此之外，杜威教育哲学思想的创新之处还体现在他所主张的教育哲学与经验的改造方面。

### 5.1.2 教育哲学与经验的改造

杜威的教育哲学思想不仅对美国教育贡献巨大，而且对中国的教育界同样有着重要的影响，但这种影响的侧重点是不同的。正如学者苏智欣所言，"中国的杜威研学者和批评家在早期评论杜威哲学在中国的实验结果时，并没有聚焦于成功或失败的争议。与美国学者的立场和角度不同，他们所关注的是杜威思想对中国教育改革和社会生态所起的积极与消极作用，并考量到中国教育发展在不同的历史时期有不同的需求。"① 这就意味着，对于杜威的教育哲学思想而言，在不同国家和地区人们对其关注的重点是不同的。即便如此，从教育哲学思想领域的视角看，杜威将教育哲学与经验的改造联系起来的做法不失为一种创新。

关于教育哲学，杜威在《民主主义与教育》中宣称，"一般来说，哲学被理解为在内容和方法方面所包含的某种总体性、普遍性和终极性。就内容而言，哲学试图去理解——也就是说，把有关世界和生活的千变万化的具体情况搜集起来，构成一个无所不包的单一整体，这个整体要么是一个统一体，要么就像二元论哲学体系那样，把很多细节归纳成少量的终极原理。哲学家和接受哲学家结论

---

① 苏智欣. 杜威与中国教育：比较分析与批判性评估 [J]. 教育学术月刊, 2019 (2)：7.

的人会努力尽可能地获得一个统一的、前后一贯的、完整的经验观。"① 这表明，就教育哲学而言，杜威的教育哲学思想所关注的仍然是经验，只不过这种经验是以一种整体而系统的"经验观"表现出来的而已。如前所述，杜威教育哲学思想的现实意义主张教育目的与道德教育论的合一，这种观点无非是教育哲学在教育实践过程的表达。其实，无论是杜威所提出的教育目的，还是基于教育实践的立场所主张的教育经验，它们都是其教育哲学思想在实际教育过程中的运用和体现。诚如杜威所宣称的"教育即生活"那样，教育的目的始终是通过受教育者的成长和社会生活来完成和实现的，只是有时候这一目的的完成和实现需要漫长的时间和过程。作为实用主义哲学家和教育家，杜威的教育哲学思想必然和其实用主义的哲学立场相关。但绝不是一味地宣称教育的实用价值，相反，对于教育的其他方面价值杜威同样给予重视，并把这些价值作为教育过程中不可缺少的维度。学者顾红亮认为，"杜威教育哲学的核心思想之一是对何谓教育的理解。在何谓教育上，杜威提出'教育即生活'的观点。很多现代中国教育思想家对此观点有强烈的兴趣，从不同维度作出理论阐释，由此，杜威的'教育即生活'观念在现代中国教育语境里呈现出多样化的理论意义。"② 也就是说，在不同的诠释者那里，杜威所提出的"教育即生活"有不同的解释。学者褚洪启在《杜威教育思想引论》中曾指出，杜威"教育即生活"中的"生活"③ 有两个层面的含义，其一指的是社会意义层面的社会生活，其二指的是儿童意义层面的生活。然而对此，学者陶行知有不同的观点，他基于中国教育发展的实际情况认为，"生活即教育"④ 更能体现出中国教育的特点。实际上，在杜威的教育哲学思想中，学校教育与社会的关系是十分密切的。因为学校教育作为受教育者进入社会生活的准备工作，它所发挥的效用是不可替代的，也就是说学校教育直接关系到社会的进步与否，它也是体现个人获得社会生活能

---

① 杜威. 民主主义与教育 [M]. 陶志琼，译. 北京：中国轻工业出版社，2015：320-321.
② 顾红亮. 杜威"教育即生活"观念的中国化诠释 [J]. 教育研究，2019，40（4）：22-23.
③ 褚洪启. 杜威教育思想引论 [M]. 长沙：湖南教育出版社，1998：9.
④ 陶行知. 陶行知全集：第 2 卷 [M]. 长沙：湖南教育出版社，1985：182.

力的标志。依据杜威的解释，"社会所实现的关于它自身的一切美好的想法，就这样希望通过各种新的可能途径开辟给自己的未来。……这里所指出的社会的自我指导，没有什么会比学校更为重要，因为，正如贺拉斯·曼所说的，'凡是任何事物在生长的地方，一个塑造者胜过一千个再造者。'任何时候我们想要讨论教育上的一个新运动，就必须特别具有比较宽阔的或社会的观点。"① 这就意味着，杜威的教育哲学是和社会经验相互关联的，而这种关联就体现在他的教育哲学思想中。即便是进行实际的教育改革，也必然要考虑到具体的社会生活环境，以及个人成长的时代背景等因素。

需要注意的是，在杜威的教育哲学思想中，经验的改造又被视为教育的一种形式。在杜威的解释之中，教育有时候被表述为经验的改造。当然，对经验以及经验改造的阐述是杜威教育哲学思想的创新之处。因为在杜威那里，经验不仅和文化知识相关，而且与教育的实践过程紧密相连，可以说经验与经验原则直接影响着教育实践结果的成败。正是在这一意义上，从教育哲学的理论视域观之，经验的改造是杜威教育哲学思想的创新。然而，经验的改造与经验的重构是不同的，前者指的是对经验的进一步提升，这种改造与原来的经验相比有着自身的特点，它并非只是复制先前的经验，后者则主要指对经验重组，而经过重组之后的经验仍然与先前的经验相似，只是它们的位置或顺序发生了变化而已。这就意味着，经验的改造绝不同于经验的重构，即便这种重构有利于经验的发展，它也不是经验改造之意，充其量只是经验的重组罢了。因此，杜威在《民主主义与教育》中将教育视为经验的改造，而不是经验的重构。其实，在杜威的教育哲学思想中，经验的改造也是学习的过程，这一过程同时又是教育实践的过程。在这种教育实践中，受教育者通过学习和训练掌握经验的特点，并基于此对经验进行改造，使其为受教育者在社会生活中服务，最终提升受教育者自身的能力达到"教育即成长"的目的。对于"教育即生活"而言，个人所受到的教育针对的还是实际的生活，即在社会中使个人的生活过得更好，同时使得受教育者成为真正意义上的社会化的个人。唯有如此，在

---

① 吕达，刘立德，邹海燕. 杜威教育文集：第1卷［M］. 北京：人民教育出版社，2008：27.

社会中人与人之间的交往以及交流才得以展开，对经验做出的改造才得以可能。在杜威看来，经验就其性质而言可以分为主动经验和被动经验，前者又被称为实验意义上的经验，因为这种经验往往能够通过固定的实验程序予以检验，并在某种程度上对这种经验做出改造；后者则指的是人们必须接受的经验，这种经验之所以被称为被动的，是由于其不能基于实验做出相应的检验。尽管如此，教育作为经验的改造同样适用于这两种不同类型的经验，它们在人们学习和成长的过程中亦然发挥着重要的作用。诚如杜威所宣称的那样，"通过经验的这两个方面的联系可以衡量经验的丰硕与否或价值。单纯的活动并不构成经验，这样的活动只是分散的、离心的、消耗性的。作为尝试的经验牵涉到了变化，但是，如果变化不是与变化过程中所产生的种种结果自觉地联系起来，那么变化就只是没有意义的过渡。"[1] 这就表明，教育作为经验的改造必然包括经验的改变，而这种经验的改变同样会影响教育实践的效果。总之，在杜威教育哲学思想中，教育被称为经验的改造有其必然性，这种必然性是由杜威实用主义的哲学立场决定的，只不过他把教育哲学与经验的改造关联在一起罢了。其实，教育的作用无非是通过各种教育途径或手段对受教育者进行的塑造过程，而"教育即成长"以及"教育即生活"的意义正是在这种塑造的过程中显现的。

因此通过上述分析可知，杜威教育哲学思想的创新一方面表现在经验原则与教育理念的融合层面，另一方面则体现在他将教育哲学与经验的改造相结合的观点上。不容否认，在杜威的教育哲学思想中经验具有独特的含义，它在某种意义上所表达的正是教育作为对受教育者的塑造功能，正是基于与这种经验的改造相关，同时也和教育目的的实现紧密相连。就"教育即经验的改造或改组"而言，教育的塑造使得受教育者成为社会化的个人，从而使其能够在社会中获得更好的生活能力。

---

[1] 杜威. 民主主义与教育 [M]. 陶志琼, 译. 北京: 中国轻工业出版社, 2015: 141.

## ☑ 5.2  杜威经验论教育哲学思想的理论意义

杜威教育哲学思想主张教学方法与教育内容统一，并且在此基础上对教育价值"二元割裂"论进行消解，这些都是杜威教育哲学思想理论意义的展现。实际上，"杜威认为自己的一生'开始、最后和全部时间都从事哲学专业'，他从来没有离开哲学。重要的是，他的哲学的形成和发展同教育理论直接联结在一起，在他的教育理论中到处可以看到他的哲学的阐明、应用并经受检验。"① 因此，对杜威教育哲学思想的研究对中国教育界有着重要的意义，而且这种重要性是不言而喻的。

### 5.2.1  教育目的论与道德教育论相汇通

尽管杜威教育哲学思想主张在教育实践中贯彻教育目的与道德教育论合一的主张，但若要理解杜威的该主张必然要首先理解他所宣称的教育目的以及道德教育论的含义，否则将无法把握杜威教育哲学思想中的教育目的与道德教育论合一的观点。就教育实践而言，它必然包含与之相应的教育目的，如果没有教育目的作为指引，那么教育实践活动会失去方向，进而教育实践活动的效果也不能在整个教育过程中得到体现。众所周知，道德教育对个人和社会都具有重要的意义，这种教育在社会生活实践中的地位是无法替代的。那么，能否将教育目的与道德教育论相结合则成为教育实践领域所关注的重要问题，杜威的教育哲学思想也对该问题进行过思考，他的教育哲学思想的现实意义之一也体现在教育目的与道德教育相互一致的层面上。

依据杜威的观点，在某种意义上教育的目的是使受教育者能够获得不断成长的能力，尤其是在社会生活中受教育者能够基于自身的教育而与整个社会相互融合，并在融合中增长自身的能力。换句话说，教育的目的始终是围绕着受教育者展开的，它始终是为人的

---

① 吕达，刘立德，邹海燕. 杜威教育文集：第 1 卷 [M]. 北京：人民教育出版社，2008：2.

教育服务的。正是在这一意义上，杜威的教育哲学思想主张将教育目的与道德教育论相结合，通过这种方式使得受教育的个人获得有利于在社会中生活的能力。杜威认为，"学习的目的和回报就是获得持续不断成长的能力。但是，如果一个社会中的人与人之间的交往是相互的，如果这个社会的利益能够平等地分配给全体成员从而产生广泛的激励作用，并通过这些来充分地改造社会习惯的社会制度，那么这种思想就有可能运用到社会的全体成员身上。"① 这表明，教育目的具有普遍的认同性，基于相同教育目的的人们在社会中能够达成基本的共识，并将这种共识在相互交往中予以实现。如果说教育的目的在于使受教育的个人获得不断成长的能力，那么教育目的与个人以及社会经验的融合则势在必行。因为教育作为一种实践活动它具有渗透性，而这种渗透性往往通过人们在社会生活中的交往实践来完成。所以，在某种意义上社会经验的认可度直接影响着教育目的的实现，并且对社会经验的认可也左右着人们交互行为的发展趋向。然而，就杜威教育哲学思想中的教育目的问题而言，学者们针对该问题曾经展开过较为激烈的争论，而这一争论的焦点在于教育是否真的具有目的性。从学术界关于教育目的问题的争论来看，有些学者主张教育是无目的的，而另一些学者则主张教育是有目的的。尽管他们对该问题的观点有所不同，但这些学者对教育目的问题的关注是一致的，他们都想回答教育作为一种实践活动是否具有目的性的问题。其实，杜威在《民主主义与教育》中曾经提出过关于"教育无目的"的主张，但是他并未对该主张做出进一步的阐释。因此，对杜威教育哲学思想中关于教育目的问题的争论一直未曾停息。因为杜威在其教育哲学思想中又反复重申"教育即成长""教育即生活"等观点，这些观点则表明他提出的教育是有目的的实践活动。正是基于此，学术界关于杜威教育哲学思想中的教育目的问题争论不断。学者张淑姝和李萍在《杜威"教育无目的"概念的澄清》一文中提出，"杜威是在不同意义上阐释'教育无目的'"。② 也就是说，虽然杜威曾经提出过教育无目的的概念，但这一概念的

① 杜威. 民主主义与教育［M］. 陶志琼，译. 北京：中国轻工业出版社，2015：100.
② 张淑姝，李萍. 杜威"教育无目的"概念的澄清［J］. 现代大学教育，2018（6）：31.

含义与后来他主张的"教育即成长"以及"教育即生活"的观点并不矛盾。之所以如此，其根本原因在于这两种观点是基于不同的维度提出的，它们的意义也具有差异性。这一论断在杜威的《民主主义与教育》中有所体现。换言之，在杜威的教育哲学思想中，教育是有目的的，而且这种教育目的是和个人的成长相互关联的。即便是"教育即生活"的主张也是一种教育目的的表达，只是这种教育目的是基于个人与社会生活环境的视角提出的。如此一来，在杜威的教育哲学思想中，教育作为一种实践活动它的目的性不言而喻，同时这种教育目的又和教育实践活动的具体进程息息相关。

值得注意的是，道德教育论也是杜威教育哲学思想关注的重点，在杜威关于道德教育的论述中不难发现他对道德教育论的重视和思考。早在《我的教育信条》中杜威就曾论述道，"社会对于教育的责任便是它的至高无上的道德责任。通过法律和惩罚，通过社会的鼓动和讨论，社会就会以一种多少有些机遇性和偶然性的方式来调整和形成它自身。但是通过教育，社会却能够明确地表达它自己的目的，能够组织它自己的方法和手段，因而明确地和有效地朝着它所希望的前进目标塑造自身。"[①] 这就意味着，在人们的社会生活实践中，道德教育的重要性是不可忽视的。虽然法律和惩罚能够在某种程度上教育人们来调整相应的行为，但道德教育的作用仍然是无法替代的。一方面，道德的形成和人们的生活习惯、社会习俗紧密相连，有着什么样的风俗习惯就能够孕育出什么样的道德意识，在不同道德意识的支配下人们的道德行为自然相异；另一方面，通过道德教育所形成的道德意识能够在无意识的状态下支配人们的道德行为，这种无意识的支配方式对人们的道德实践生活具有重要的影响作用。所以，杜威的教育哲学思想高度重视道德教育的进程和实效，而道德教育论也是他教育哲学思想所涵盖的范围。尽管杜威的教育哲学思想强调道德教育，但他所提出的道德教育论绝不是纯粹理论层面的，而是与社会经验紧密相连的道德教育，这种道德教育必然要在人们的社会实践和相互交往中发挥其效用。之所以如此，是由道德自身的性质决定的，这种道德性质也影响着人们在社会实

---

① 吕达，刘立德，邹海燕. 杜威教育文集：第 1 卷 [M]. 北京：人民教育出版社，2008：16.

践中的交往方式。说到底，杜威的教育哲学思想是基于社会经验与个人成才的基础提出的，它并不是抽象的理论说教，而是和人们具体生活经验相互融合的教育哲学思想。当然，道德教育效果的呈现并非一朝一夕之事，这种教育效果的出现必须要经过人们社会生活实践的检验，否则即便是基于道德教育论的视野也无法即刻显现出道德教育的效果。这表明，道德对人们生活习惯的影响具有稳定性的特点，这种稳定性不能在短时期内得到改变。因此，杜威的教育哲学思想主张把教育目的与道德教育论相结合的观点，同时宣称应该把道德教育与人们的社会生活经验联系起来，这样才能有效地展开道德教育。按照杜威的说法，"道德讨论常常会伴随产生一种值得注意的悖论。一方面，道德与理性被等同起来。理性被作为一种可以从中产生最终的道德直觉的官能。有些时候，就如康德的理论所认为的那样，理性可以提供唯一正确的道德动机。另一方面，具体的日常智慧的价值总是被低估，甚至被故意贬低。道德常常会被认为是与日常知识无关的事情。人们认为道德知识是孤立的东西，意识是与良心有着本质区别的东西。"[1] 这表明，对人们实际生活有影响的道德并非一种纯粹的理论学说，它更倾向于关注人们在社会生活中的具体行为。正是在这一意义上，单纯从理论层面来进行道德教育是不会取得成功的，道德的培养必须基于人们的社会实践经验，从社会生活中的实际经验出发来培养人们的道德意识，进而通过道德意识引导人们做出相应的道德行为。

综上所述，杜威教育哲学思想的现实意义不仅体现在对传统教育的批判方面，而且还表现在其所提出的教育目的与道德教育论合一的主张方面。在杜威的教育哲学思想理论中，教育的过程即个人与社会相互融合的过程，正是在与社会经验的融合过程中作为受教育者的个人才有所发展和成长。对于道德教育而言，杜威也认为道德教育更是不能脱离个人生活的社会环境，否则离开社会生活环境的道德教育将无法取得预期的效果，它也不能对人们的道德行为有所引导和影响。因此，杜威教育哲学思想一直坚持教育目的与道德教育论相融合的观点。

---

[1] 杜威. 民主主义与教育［M］. 陶志琼，译. 北京：中国轻工业出版社，2015：348-349.

### 5.2.2 消解教育价值中的"二元割裂"论

对教育价值"二元割裂"论的消解是杜威教育哲学思想理论意义的又一体现。在杜威的教育哲学思想中，关于教育价值问题的探讨是其思考的重点。教育的价值是什么？它对人们的生活有哪些影响？究竟怎样的教育价值才是值得追求的？诸如此类的问题都是杜威教育哲学思想关注的，当然这种关注也包括对它们的解答，否则无法展现出杜威教育哲学思想的意义。然而，若要理解杜威教育哲学思想对教育价值"二元割裂"论的消解，必须首先了解教育价值"二元割裂"论的内涵以及这种论调的实质。

在杜威的教育哲学思想中，所谓教育价值是与教育实践的目的相互关联的。换句话说，在实际教育生活中，教育价值的体现必须与相应的教育目的相融合，否则教育价值不仅不会得到人们的认同，而且还会阻碍教育实践目的的实现。依杜威之见，"通常提到的教育目的有这样一些：有用性、文化、知识信息、为社会效能感做准备、心灵熏陶或潜能训练，等等。……我们对教育价值的讨论通常是集中在考虑课程中的具体学科所要实现的各种目的上的。这种讨论旨在通过指出各门学科对生活做出的重要贡献来证明这些学科是应该设置的。"[1] 也就是说，此类教育价值所注重的是教育的实用价值，它把教育的实用价值作为教育实践的首要价值，并在具体教育过程中把该实用价值体现出来。事实上，教育价值问题直接左右着教育实践活动的走向，在某种意义上教育价值决定着教育实践活动的开展。因此，对教育价值问题的探索和追寻一直是教育学领域关注的重要主题。就教育的实用价值而言，它直接影响着学校教育课程中的具体学科，通过教育的实用价值来筛选哪些学科是值得被设置的。但是，教育的价值绝不是单纯的实用价值，它还有其他价值。有些学者主张教育的价值就体现在教育的过程之中，并把教育过程本身视为教育的价值。学者邱峰主张，"教育的价值在于传授各种可能的知识，而不在于对每个认识提供证明，但有责任和义务让被教育者养成牢固而有效的习惯，来区分已检验的和未知的，要以真诚的态

---

① 杜威. 民主主义与教育［M］. 陶志琼，译. 北京：中国轻工业出版社，2015：233.

度接受那些确有根据的结论，并在个人学习中掌握适当的方法，对问题进行探究和分析。……因此教育的重大责任就是培养这样的习惯，这也是教育的价值回归所在。"① 显然，如果把教育过程本身视为一种教育价值，那么这种教育过程必然是培养被教育者养成习惯的过程。当然，这种习惯和被教育者的生活方式是相互融合的，否则被教育者通过这样的教育无法培养预期的习惯。即便是主张教育价值的回归，也不能忽视被教育者生活中的习惯和经验。因为诉诸教育所培养的习惯离不开具体的生活经验，尤其是被教育者在社会生活中所接受和运用的经验。如此一来，这种将教育过程本身视为教育价值的主张与教育实用价值的观点是不同的。其实，在杜威那里通过教育使受教育者获得审美或欣赏的能力也是一种教育价值，只是这种价值与教育的实用价值不同而已。尽管如此，也绝不能把教育的审美或欣赏价值排除在教育价值的范畴之外。也就是说，人们不能将教育的使用价值作为教育实践的唯一价值，从而忽视教育其他方面的价值，特别是那些非实用价值的教育价值更值得人们关注和追寻。按照杜威的解释，学校教育所设置的科目不仅要考虑到教育的实用价值，而且还要顾及教育的非实用价值维度（也是一种教育价值）。这样一来，对教育非实用价值的关注自然成为杜威教育哲学思想的基本尺度，这种尺度也表现在对教育价值的评价层面。在杜威看来，教育的审美或欣赏价值属于教育的非实用价值领域，但它们的重要性是不容忽视的。这些不同于实用价值的教育价值在个人的成长过程中所充当的角色也是极为重要的。

依据杜威的观点，"欣赏（appreciation）的众多含义中的一种是与贬低价值（depreciation）对立的。欣赏的意思是指扩大的、强化的估价，……这些扩大的、强化的欣赏特性使任何平平常常的经验都变得富有吸引力——能被全部吸收——并令人愉悦。……在固定的品味中它们越来越具有一切欣赏的作用，成为以后经验的价值标准。"② 这就意味着，若要获得这种教育的审美或欣赏价值必然需要和个人的生活经验结合起来，并在不断的生活历练中检验教育的审

---

① 邱峰. 杜威教育哲学认识论新探［J］. 教育研究与实验，2016（3）：62.

② 杜威. 民主主义与教育［M］. 陶志琼，译. 北京：中国轻工业出版社，2015：239.

美或欣赏价值。尽管这种价值并不是教育的实用价值，但它在个人整个教育和成长过程中具有举足轻重的意义，直接影响着个人的成长和进步。事实上，在杜威的教育哲学思想中，教育的审美或欣赏价值并不属于实用价值的范畴，它更倾向于个人修养价值的范畴。杜威在教育实践中反复强调文学和艺术的原因也在于它们能够提高个人修养价值的层面，作为实用主义的典型代表他首先对教育的实用价值与个人修养价值做出了区分。按照杜威的解释，如果一种教育所追求的是提升个人审美趣味的鉴赏力或欣赏力，那么这种教育就是强调个人修养价值的教育。这样一来，强调个人修养价值的教育与教育的实用价值有所不同。然而，所谓教育价值"二元割裂"论指的是将教育的实用价值与修养价值割裂的主张，而这种主张的实质在于割裂了两种价值之间的关系，只是一味地提高教育实用价值的地位，从而忽视了教育在提升个人修养价值层面的地位和意义。在杜威看来，这种教育价值"二元割裂"论的主张是错误的，它不仅不能提升教育实践的效果，而且会给实际的教育实践活动带来不同程度的阻力。如果在现实教育实践活动中，人们所追求的只是教育的实用价值，那么这种教育是不会获得成功的。因为教育实践活动并非纯粹的单面活动，它是具有很多层面的立体教育活动，仅从实用价值的层面难以涵盖教育的全面价值维度。正是在这一意义上，杜威宣称教育价值"二元割裂"论是错误的，同时这种关于教育价值的论调对整个教育实践活动是有害的。因此，杜威基于其教育哲学思想的立场来消解教育价值"二元割裂"论的矛盾，并提出与此不同的教育价值论。在《我的教育信条》中，杜威明确提出"教育是达到分享社会意识的过程中的一种调节作用，而以这种社会意识为基础的个人活动的适应是社会改造的唯一可靠的方法。"[①] 这表明，教育的价值绝不是单纯的实用价值，它在教育实践中充当的调节作用就不能归为实用价值的范畴。诚然，这种调节作用在个人生活中作为"中介"使其获得相应的社会群体意识，并在此基础上使教育的价值在社会实践中呈现出来。所以，杜威认为教育价值"二元割裂"论不仅不能呈现教育实践活动的价值，而且还会阻碍教育价值

---

① 吕达，刘立德，邹海燕. 杜威教育文集：第1卷［M］. 北京：人民教育出版社，2008：15.

在教育实践活动中的显现。其实，杜威的教育哲学思想对教育价值
"二元割裂"论消解的基础是教学方法与教育内容的统一，他把这种
统一作为消解教育价值"二元割裂"论的前提，并主张教育的实用
价值与非实用价值都是教育实践活动的目的，它们之间没有不可消
解的矛盾。

可见，杜威教育哲学思想的理论意义一方面表现为教学方法与
教育内容的统一，另一方面则表现为对教育价值"二元割裂"论的
消解。就这两方面的意义而言，它们并不是相互孤立的，相反，它
们之间具有内在的联系，而这种联系是以经验为基础的。无论是强
调教学方法与教育内容的统一，还是主张对教育价值"二元割裂"
论的消解都不能离开具体的经验，否则这种观点必然失去其有效性
的基础。杜威教育哲学思想不仅具有理论意义，而且还对教育活动
有着重要的现实意义，这一现实意义表现在对传统教育的批判层面
和教育目的与道德教育论合一的主张上。

## 5.3 杜威经验论教育哲学思想的实践意义

作为美国实用主义哲学家和教育家的杜威对教育实践的思考是
极其深入的。从他的著作《民主主义与教育》（*Democracy and Edu-
cation*）、《经验与教育》（*Experience and Education*）以及《人的问
题》（*Problems and Men*）等著作中，不难发现杜威对教育实践的思
考。胡适对杜威的教育哲学思想有过经典的概述，依照胡适在《杜
威的教育哲学》中的观点，"杜威的教育哲学"[①] 主要体现在《民主
主义与教育》中。在某种意义上，可以说该著作是杜威教育哲学思
想的集中体现，也是在该著作中杜威对其教育哲学思想进行了详细
的阐述。在杜威看来，学校教育不应该与社会分离开来，即便学校
教育有着不同于社会的特点，这种教育对个人在社会中的生存也具
有重要意义。如果将学校教育与社会截然对立，那么这样的教育必
然会走向失败，它也不能对个人的成才有所帮助。因此，杜威的教

---

① 姜义华. 胡适学术文集：教育 [M]. 北京：中华书局，1998：36.

育哲学思想对教育实践的现实意义一方面体现在对传统教育的批判层面，另一方面则体现为他所提出的教育目的与道德教育论的融合层面。

### 5.3.1 个人教育与社会生活相结合

按照杜威教育哲学思想的观点，传统教育在教育过程中将教育的心理学和社会学，以及受教育的个人和其生活的社会环境割裂开来是不正确的。因为这种教育往往未能抓住教育的特点和本质，它对被教育者自身素质的提升不能起到良好的效用。说到底，这种将教育的心理学和社会学，以及受教育的个人和其生活的社会环境割裂开来的教育方式是不会成功的，这一点是由教育的本质和特点决定的。正是在这一意义上，杜威立足于教育哲学思想的立场对传统教育展开批判，并指出这种教育方式的不足之处。

在杜威看来，"教育过程有两个方面：一个是心理学的，一个是社会学的。它们是平行并重的，哪一个也不能偏废，否则，不良的后果将随之而来。这两者，心理学方面是基础的。……除教育者的努力同儿童不依赖教育者而自己主动进行的一些活动联系以外，教育便变成外来的压力。这样的教育固然可能产生一些表面的效果，但实在不能称它为教育。"[1] 这表明，在杜威的教育哲学思想中教育的心理学和社会学维度是同样重要的，它们都能够对教育的实践过程产生影响。一方面，教育的心理学维度是教育实践活动的基础，如果不能正视这一观点，那么所进行的教育将无法取得预期的效果，它也不能和人们的生活经验相互契合，最终只能导致教育实践活动的失败；另一方面，教育的社会学维度也是不容忽视的，个人与其生活的社会环境已经融为一体，若是纯粹强调教学方法或教育内容而忽略社会环境对个人的影响，这种教育方式亦然不能获得成功。杜威在实际教育过程中，通过对儿童教育的论述表明教育心理学是开展教育实践活动的基础和前提，这种心理学对教育效果和受教育者的影响是不可小觑的。在《民主主义与教育》中，杜威反复强调教育对个人的塑造作用。依据杜威的解释，"教育既不是一个从内在

---

① 吕达，刘立德，邹海燕. 杜威教育文集：第 1 卷 [M]. 北京：人民教育出版社，2008：5-6.

向外在展现的过程，也不是对人们的心灵既有能力的一个训练过程。它是借助外部提供的教材建立起某些联系来完成的，教育就是心灵的塑造。从严格意义上说，教育就是通过教学循序渐进地对心灵进行塑造的一个过程。"① 这就意味着，教育绝不是纯粹依赖外部力量来完成的，它对个人教育成功的关键在于对受教育者心灵的塑造，这种由内而外的教育过程对个人一生的成长都是有益的。可见，教育的心理学维度对教育实践预期效果的实现具有重要的作用。当然，这并不意味着教育的社会学维度不重要，相反，教育的社会学维度对教育的左右也是极其重要的。因为个人的行为习惯以及生活经验都和其生活的社会密切相关，在某种意义上正是社会在无意识的状态下赋予了个人生活经验，而这种经验和社会是紧密关联在一起的。正是在这一意义上，社会对教育的影响作用是不能忽视的，它从生活经验的视角对个人的教育效果产生影响，这就决定了对教育实践的思考和探索既不能离开教育心理学的层面，也不能脱离教育社会学的视域，而应该将它们都视为决定教育成败的因素加以思索和探寻。因此，杜威宣称教育的心理学和社会学维度是至关重要的，而且它们的关系并不是相互孤立的。换句话说，若要实现教育的预期效果，必然要充分考虑教育的心理学和社会学维度对教育实践过程的影响，同时还要发挥教育心理学和社会学的积极作用，为提高教育效果做出相应的准备，否则，在具体教育实践中将无法获得理想的教育效果。然而，在杜威看来传统教育正是将教育的心理学和社会学维度分离开来的教育，这种教育必然要受到批判。因为教育的心理学和社会学维度是无法分离开的，如果强行将它们分离，那么将会对教育实践活动的推进产生较大的阻碍，从而影响个人的成长。所以，杜威基于其教育哲学思想对传统教育将教育的心理学和社会学维度分离开来的做法进行批判。

除此之外，杜威主张将个人教育与其生活的社会结合起来展开教育实践活动，而不是将个人与社会视为各自独立的部分进行教育活动。因此，杜威对传统教育宣称的个人与社会分离的观点提出批判，并认为以这种方式展开的教育不会给个人的成长带来益处。在

---

① 杜威. 民主主义与教育 [M]. 陶志琼，译. 北京：中国轻工业出版社，2015：70.

杜威的教育哲学思想中，教育的目的之一在于使个人在受教育的过程中逐渐成长起来，而这种成长必然伴随个人社会经验的增长，同时在成长的过程中个人通过教育获得的经验具有重要的意义。相反，如果在教育的过程中将个人与社会完全分离开来，那么这种教育是不会起到预定效果的，它也不能使受教育者过上理想的幸福生活。这就意味着，教育的成功离不开对个人社会生活环境的关注，但这种关注绝非与个人无关的，它必然是个人与社会相互融合的。实际上，杜威所提出的以个人与社会相互融合的观点开展教育实践活动在其教育哲学思想的方法论中有所体现。正如学者石中英所言，"虽然杜威在自己的教学和研究中并未明确地阐明过所谓教育哲学方法，但是他在自己的教育哲学论述中确实使用了上述一些可以区别的方法，它们构成了杜威教育哲学论述的方法论框架。"① 相应地，在具体的教育实践中这种个人与社会相互融合的观点始终贯穿在杜威的教育哲学思想之中，这一主张也是杜威教育哲学思想的基本理念。然而，在杜威看来，传统教育所强调的个人与社会的分离正是过于重视教育实用价值的结果，而这种做法必将在教育的实践活动遇到挫折甚至无法推行教育实践活动。因为社会作为个人生活和成长的环境和条件，它无法与个人绝对分离开来，同时，个人的成长离开社会这一环境和条件也不能顺利进行。杜威提出的"教育即成长"的观点也是立足于个人与社会相互融合的立场做出的，这里的成长是指个人在社会中通过接受教育而逐步成熟的过程。按照杜威的解释，"社会通过指引青少年活动方向的过程来决定青少年的未来，同时也决定着社会自身的未来。由于一定时代的青少年将在今后某个时间成为下一个时代的社会组成部分，所以这个时代社会的性质主要取决于上一时代给予青少年活动的方向。这种面向未来结果的积累行动就是成长的含义。"② 这就意味着，在杜威教育哲学思想中个人的成长与社会的发展是密不可分的。尽管对青少年的教育效果要在未来才能显现出来，但对他们的教育必然是与社会环境相互关联在一起的。当然，社会环境和社会意识对受教育者或青少年来说，

---

① 石中英. 杜威教育哲学论述的方法 [J]. 教育学报, 2017, 13 (1): 8.
② 杜威. 民主主义与教育 [M]. 陶志琼, 译. 北京: 中国轻工业出版社, 2015: 42.

它们是在无意识的状态下发挥效用的，同时这种效用伴随着青少年的成长过程，直到他们成长为社会中的成熟一员。由此可见，在教育实践过程中主张个人与社会相互融合的重要性，这种主张也是"教育即成长"得以实现的关键和前提。相反，在杜威看来，传统教育并不是基于此种主张开展的教育实践活动，因此，传统教育诉诸个人与社会分离的前提而进行的教育活动必然会受到人们的质疑和批评，而且这种教育的效果也不会在个人的成长过程中得以显现。正是基于此，杜威针对传统教育主张个人与社会分离的观点进行批判，并且指出了这种观点所带来的不足，以及这种教育主张不能获得教育活动成功的原因。

通过上述分析可知，杜威对传统教育的批判不仅体现在他对传统教育主张教育心理学与社会学相互孤立的观点，而且还体现在批判传统教育所提出的个人与社会相分离的说法上。之所以如此，是因为在杜威的教育哲学思想中教育的心理学和社会学是相互关联的，在教育实践过程中受教育的个人与其生活的社会也是相互融合的。如果离开这样的前提和基础，那么所开展的教育实践难免会走向失败的窘境。此外，杜威教育哲学思想的现实意义还体现在教育目的与道德教育论的合一层面，这种教育目的与道德教育论的合一的主张对教育实践活动的开展有着重要的现实意义。

### 5.3.2 教学方法与教育内容相统一

在教育学的理论视域中，杜威教育哲学思想主张教学方法与教育内容的统一，而这一观点也是杜威教育哲学思想的理论意义之一。在杜威看来，离开教育内容的教学方法是不能发挥其效用的，无教育内容的教学方法也不能实现教育实践的价值和目的。相反，教育方法必须要与相应的教育内容相结合，否则无法达到预计的教学目的。换句话说，教学方法与教育内容的统一才是实现教学实践目的的有效路径。其实，这种观点一直贯穿在杜威的整个教育哲学思想之中，在后期的教学实践中他始终坚持该主张，并把教学方法与教育内容的统一作为教学实践的前提。

按照杜威的解释，教育方法与思维习惯之间的关系密切，在某种意义上教育方法正是教育思维习惯的表现。因此，运用适当的教育方法进行教育实践往往能够起到事半功倍的效果。究其原因是这种教学方法与思维习惯是相互融通的，如果它们之间不能相互融通，那么教育实践就难以取得理想的效果。依据杜威的说法，"如果不把思维与提高行动效率联系起来，即不与增加关于我们自己和关于我们生活的世界的知识联系起来，这种思维就存在着缺陷。"① 这表明，就教育方法与思维习惯而言，它们的关系在理论和实践层面的意义是不同的。一方面，人们会接受思维习惯在教育实践中的重要性，并且把这种重要性蕴含在具体教育实践之中；另一方面，人们又期待这种思维习惯会为人们的生活带来益处，在实际生活中给予人们便利。但是，理论和实践两种维度之间存在着一定的差异。在现实的生活中，人们往往发现理论和实践之间的差异会给人们的生活带来某种阻碍。例如，学生在学校中接受的教育不能自如地运用到具体实践之中，这种理论知识和具体实践之间的矛盾就体现为教育理论和教育实践之间的差异。正是在这一意义上杜威认为，在教育实践中纯粹强调教学方法无法消解教育理论与教育实践之间的矛盾，教学方法也要与具体教育内容相结合才能发挥教学方法的优势和作用。然而，教育方法与思维习惯之间的关系是提高教育实践效果不可忽视的因素。关于思维习惯，它并非一朝一夕就能形成的，它的形成需要经过长期生活实践的检验，离开生活实践的思维习惯只能停留在理论层面，无法落实到具体实践中。实际上，思维习惯是人们在长期的生存和生活方式中形成的，这样的思维习惯才有实践力，它才能在具体生活中影响人们的行为方式。所以，在教育实践中杜威并不单纯强调教学方法的重要性，相反，他主张把教育方法与思维习惯结合起来的做法，并坚持教学方法与教育内容的统一。在杜威看来，"通过没有经过深思熟虑的行动得来的知识，是死知识并且是毁坏心智的负担。……思维就是理智学习的方法，这种学习要运用心智并使心智获得报酬。……关于方法最为重要的一点就是：思维就是方法，即在思维过程中体现出来的理智经验的方法。"② 这就意味着，在杜威那里教学方法与思维习惯是相互融合的，在具体教

---

① 杜威. 民主主义与教育 [M]. 陶志琼，译. 北京：中国轻工业出版社，2015：155.
② 同①：155-156.

育实践中也要坚持二者的合一而非分裂，这样才能实现教育实践的目的和意义。其实，教育内容往往和经验紧密相关，尤其是理智经验的方法和教育内容密不可分。因为教育内容并不是纯粹理论层面的，它必然关系着具体教育实践，而这种教育实践又和实际经验相连。所以，即便是杜威主张的教学方法与教育内容的统一也无法离开经验而独立运行。

在杜威看来，所谓教育内容指的是诸多事实和不同观念构成的知识，"知识就是对于决定一个事物用于某种情境时对其各个方面的联系的洞察。"① 杜威之所以有如此的主张，是由其经验主义的立场决定的。当然，杜威所宣称的知识和经验有着千丝万缕的联系，这种联系往往又和人们的行为习惯相互融合。这就表明，杜威所提出的教育内容一定是关于具体经验的教育内容，它绝不是抽象空洞的理论阐述。这样一来，教育内容就是由各种不同的知识构成的，而知识的形成又离不开经验的参与。因此，杜威主张教学方法与教育内容的统一是实现教育实践目的的路径。根据杜威的观点，"教育都是通过个人参与人类的社会意识而进行的。这个过程几乎是在出生时就在无意识中开始了。……由于这种不知不觉的教育，个人便渐渐分享人类曾经积累下来的智慧和道德的财富。他就成为一个固有文化资本的继承者。"② 由此可见教育在个人成长中的重要作用，它是个人成长过程中必不可少的环节。通过教育使人类的知识文化得以传承和延续，而在这种知识文化的传承和延续中个人也获得了有利的生存条件。如果说作为知识的教育内容是独立的发明创造，那么这种说法是不确切的。因为知识的增长离不开长期的经验积累，在不断的经验积累中知识的增长才是可能的。正是在这一意义上，知识并不是纯粹的发明创造，相反，它是建立在前人经验基础之上的知识。即便是作为文化资本的继承者，对这种经验的了解和掌握也是不可或缺的。所以，作为知识的教育内容不能脱离人们的经验，无论这种经验是理论层面的还是实践层面的，它都是教育内容所关注的重要对象，否则这种教育内容将失去经验的支撑从而无法对人

---

① 杜威. 民主主义与教育［M］. 陶志琼，译. 北京：中国轻工业出版社，2015：335.
② 吕达，刘立德，邹海燕. 杜威教育文集：第 1 卷［M］. 北京：人民教育出版社，2008：5.

们形成有影响力的教育效果。此外，教育内容还和实际教育环境密切相关，这种教育环境包括学校、社会群体以及被教育者等因素。根据杜威的解释，"当社会群体变得越来越复杂时，人们获得的大量技能在事实上或群体的信念里都建立在过去经验所积累的标准观念的基础上，……我们有意识地去详细讲述群体生活，吸取其最为重要的各种意义，并使群体生活变成井然有序的系统，主要动机正是在于教育年轻一代并满足延续群体生活的需要。"① 这表明，若要使教育效果能够满足年轻一代的生活需要，必然要使教育内容与教育环境有机结合起来，否则教育的效果无法满足年轻一代的实际生活要求，更不能为人们的生活经验所接纳。这也是杜威把教育和成长联系起来的主要原因。因为个人的成长始终是在社会群体中进行的，社会群体对个人成长的影响也是极其重要的，而作为塑造个人成长关键的教育更不能无视社会群体的作用。所以，对教育内容的强调一直是杜威教育哲学思想的基本维度，同时，教学方法亦是杜威关注的重点。

总之，主张教学方法与教育内容的统一是杜威教育哲学思想理论意义的体现。从教育理论的视野看，杜威提出的教学方法与教育内容的统一对实现教育目的具有重要的意义。因为教育实践不是单纯理论层面的工作，它更和具体的教育内容紧密相关。正是基于此，任何纯粹强调教学方法或教育内容的观点都是值得商榷的。这就意味着，教学方法和教育内容的统一是达到教育目的的路径，同时也是杜威教育哲学思想理论意义的显现。除此之外，杜威教育哲学思想的理论意义还体现在消解教育价值"二元割裂"论的层面。

## 5.4 小 结

杜威教育哲学思想的意义既体现在教育理论层面，又体现在教育实践方面。从教育理论层面来看，他的教育哲学思想的理论意义在于，一方面，杜威主张教学方法与教育内容的统一，这就使得教

---

① 杜威. 民主主义与教育［M］. 陶志琼，译.·北京：中国轻工业出版社，2015：184.

育方法与教育内容在教育的实践过程中均受到重视，而非厚此薄彼；另一方面，杜威消解了教育价值"二元割裂"论的说法，宣称教育价值与教育实践目的相互融合的观点，并认为如果不按照此种观点开展教育实践，那么教育实践的效果是无法实现的。从教育实践层面来看，其现实意义在于，他不仅对传统教育提出批评，而且主张在教育实践的过程中应该贯彻教育目的与道德教育论合一的理念。在杜威看来，教育的心理学和社会学意义具有同样的重要性，它们都对教育的效果有着重要的影响。因此，对教育实践问题的思考必然要充分考虑到教育心理学与社会学对该问题的影响，而不是将二者视为相互孤立而无任何关系的部分。在教育实践中，杜威提出教育目的与道德教育论合一的观点，该观点是杜威通过具体教育实践活动得出的。这就意味着，杜威教育哲学思想绝非仅仅关注教育理论层面，它同样关注教育实践活动本身。杜威对经验和经验原则的诠释是其教育哲学思想的创新。在杜威的教育哲学思想中，经验原则与教育理念以及经验的改造之间有着密切的联系，对经验与经验原则的重视是其教育哲学思想的独特之处。总之，杜威的教育哲学思想具有重要的理论和现实意义，这种教育哲学思想的创新之处同样对教育界有着深远的影响。

# 第6章 杜威的语言哲学研究

　　杜威的语言哲学建立在其经验自然主义哲学观基础上。他将语言理解为人类的经验方式，而他理解的"经验"与人类的生存活动以及生存意义紧密联系在一起。因此，杜威的语言哲学是其实践哲学的另一种表达方式，语言哲学也由其狭窄的分析领域走进人类生活这一更加广阔的哲学视野中。

## ◿◿ 6.1　杜威语言哲学的基础：经验自然主义

　　杜威的语言哲学建立在其经验自然主义的哲学观基础之上。在杜威看来，传统哲学中人与自然的对立是通过"经验"与"自然"两个概念的对立呈现出来的。传统哲学把经验局限于主体与客体相对立的认识论框架中，认为经验是一种纯粹的主观感受，因而同客观的自然相分离。更有甚者，"他们认为经验不仅是从外面偶然附加在自然身上的不相干的东西，而且是把自然界从我们眼前遮蔽起来的一个帷幕，除非人能通过某种途径来超越这个帷幕。因此，某种非自然的东西、某种超经验的东西，能用理性或直觉的方式被介绍进来了"。① 在杜威看来，经验与自然的对立、主体与客体的分离并不是天然存在的，而是理智活动派生的结果。事实上，经验与自然是相互作用、彼此维系的关系性存在，就如同人与环境的关系一样。人与环境并不是相互外在的关系，而是相互渗入、彼此造就的关系：一方面，人不得不承受环境对他的作用与塑造，即经历或经受；另一方面，人在面对环境的时候也不完全被动，而是具有一种积极的"做"的行为。人类的经验就是"做与经历"（doing and undergo-

---

① 杜威. 经验与自然 [M]. 傅统先，译. 南京：江苏教育出版社，2005：1.

ing）相互融通的一种生存活动，"经验变成首先是做（doing）的事情……它按照自己的机体构造的繁简向着环境动作。结果，环境所产生的变化又反映到这个有机体和它的活动上去。这个生物经历和感受它自己的行动的结果。这个动作和感受（或经历）的密切关系就形成了我们所谓经验"①。也就是说，经验是在人与环境的相互作用、彼此维系的基础上展开的生命活动和生命样态。因此，对杜威来说，经验不再局限于认识论的领域，而是建立在生存论的基础上，经验、自然、生活在某种意义上是同义词。更确切地说，"经验既是关于自然的，也是发生在自然以内的。被经验到的并不是经验而是自然——岩石、树木、动物、疾病、健康、温度、电力等，在一定方式之下相互作用的许多事物就是经验，它们就是被经验的东西"②。这样，作为近代认识论哲学前提的经验与自然的对立、主体与客体的分离就被经验整合到一个未曾分离的整体中。

正是在消解了经验与自然的人为对立的基础之上，杜威拓展了"经验"概念，这种拓展并不在于他把"经验"视为一个无所不包的概念，而在于把"经验"作为认识的前提从而使其超越了近代认识论的狭隘限定。在他看来，"经验"既是经验的对象，也是经验的过程本身，而经验活动的直接后果就是发现和赋予事物意义，人们通过经验，原本生疏的自然和与人无关的原始材料变成对人有意义的东西。"我们是这样通过这个途径而回复到所经验的事物的，即所经验的东西的意义，它的有意义的内容，又因为通过达到它的这个途径或方法而获得了一种丰富和扩大的力量。"③

在这样的经验自然主义的哲学基础上，杜威开始了他的语言研究。他首先认为信号动作是语言的基本材料。他举例说，婴儿一落地就会啼哭，啼哭本身是人类有机体的一种本能，一种无意的流露，但是这种啼哭却是一种信号，能够引起成人的注意，并且激起一种对于婴儿有用的反应，而且啼哭的方式、强度、时间长短的差异会引起成人不同程度、不同方式的反应。信号动作不仅在婴儿那里存

---

① 杜威. 经验与自然［M］. 傅统先，译. 南京：江苏教育出版社，2005：8.

② 同①：1.

③ 同①：6.

在，在成人世界中也存在。一个人即便什么都不说，姿态和面部表情也会泄露他内心的想法。因此，语言的基本材料是信号，是人类的一些简单动作，如啼哭、姿态、表情、手势等。

信号动作是语言的物质条件，但是它们并非语言。动物可以发出各种信号，但这些信号只是一些无意识的刺激反应动作，还不能称为语言。只有当这些信号在一种经验的具体关联之中被运用时，它们才变成语言。在杜威看来，语言不只是包含口头语言和书面语言，姿势、图画、古迹、视觉现象、手指运动等有意地和人为地作为符号的东西，都是语言。这些人工符号或语言与动物发出的信号的不同之处在于语言是一种经验之物或社会活动。"母鸡的活动是以自我为中心的；人类的活动却是共同参与的。后者把他自己放在这样一个情境的立足点上，即在这个情境中有两方面共同参与。这是语言或记号的本质特点。"① 杜威举例说，譬如甲指着某一个东西，请乙拿给他，乙按照甲的动作作出反应，杜威认为，"关于乙之所以能理解甲的动作和声音的突出特点，就在于他是从甲的立足点去反应这个东西的。他感知这个东西，似乎它是在甲的经验中发生作用一样，而不仅是以自我为中心去感知它的。同样，当甲在作此请求时，他不仅按照这个东西对他自己的直接关系去理解它，而是把它当作一个能为乙所掌握的东西。他看见这个东西时也正似它可以在乙的经验中发生动作一样"。② 也就是说，甲与乙之间的相互理解是以同一个经验基础为依据的。正是在经验的基础上，在语言中被理解的事物才成为具有意义的事物。对杜威来说，一件已知的事物、一种被理解了的事物和一种有意义的事物只是不同说法的同义语。因此，要理解一件事物或一个事件的意义，就要看它与其他事物的关系，而这种关系正是在经验的基础上应运而生的。

不仅如此，在经验自然主义哲学基础上，杜威还探索语言与环境的关系。他认为，语言和环境的关系非常密切，语言与环境相互作用。首先，环境对语言的影响非常重要。杜威认为，一个人即使具备遗传下来的发声器官，但是如果他生活在一个聋哑的非社会的

---

① 杜威. 经验与自然 [M]. 傅统先，译. 南京：江苏教育出版社，2005：115.
② 同①：116.

环境中，他就不能学会有声语言。因为，语言的基本模式和词汇都是在日常生活中形成的。而不同人种、不同时代、不同民族、不同家庭的人们语言的习惯之所以有很大差别，主要原因就是语言环境的影响。"婴儿学会母语，这话说得好。虽然这样养成的言语习惯可能被改正，或者甚至被有意义的教学所取代，但是，在兴奋的时候，有意识的学会的言语模式常常消失，恢复他们真正的本族语。"① 其次，语言也影响环境。杜威认为，语言影响环境的突出表现在于语言可以激起一种情境。"文字，作为指导行动的手段，可以激起一种情境，在这种情境中我们在一种特别明显的方式之下享有有关的这个事物。"② 也就是说，语言本身可以使我们进入某种情境中，这种情境使得事物的意义鲜明地呈现出来。

因此，在杜威的理解中，语言并不是超自然的东西，并不是纯粹"心理性"的事件，而是发生在自然之中的经验着的事件。

## 6.2 工具主义语言观

"工具主义"（instrumentalism）是杜威哲学思想的一个重要内容，很多学者都用"工具主义"概括杜威的哲学思想。但是，对杜威哲学的误解也由此而生。因为在传统哲学中，"工具"概念一般具有贬义，它往往被理解为试图达到某种目的而必须采取、达到目的之后又必须抛弃的手段，而且"工具"一词又似乎常常与私利联系在一起，因此人们对工具大多采取一种蔑视态度。杜威认为，对工具的蔑视是与传统社会中的社会等级关系和对劳动的厌恶直接相关的。事实上，工具在人类文明史上具有重要意义，人类文明的不断进步是与人类对工具的应用紧密联系在一起的。对杜威来说，"工具主义"是与他对"经验"概念的理解紧密联系在一起的。

在杜威看来，经验在其自身之中同时包含着经验的对象和经验的过程，因此，经验也可以作为一种方法使经验能够深入自然的内

---

① 杜威. 民主主义与教育［M］. 王承绪，译. 北京：人民教育出版社，1990：20.
② 杜威. 经验与自然［M］. 傅统先，译. 南京：江苏教育出版社，2005：196.

部，成为探索自然的有效手段。经验本身是"工具性"的，这种"工具性"使经验活动不断地深入自然，使原来对人类来说陌生的自然成为"人化"自然，成为可以被人类把握和使用的存在，自然无限丰富的意义从而得以彰显。从这种意义来说，杜威的"工具性"意味着满足需要，它体现为在经验之中的转化性和生成性的力量，它使粗糙的自然具有为人们所直接感受到的"使用和享受"（use and enjoyment）的意义。

这种"工具性"还体现在杜威对"原始经验"和"反省经验"的理解。"原始经验"是具有直接性的经验活动或所经验的事物，它就是我们的日常生活和活动；而"反省经验"主要是指理智的认识、分析和推理等活动及这种活动所获得的成果，它是第二级的、次生的。经验活动的实质在于它从生活本身（原始经验）出发，然后经过理智活动（反省经验）阶段，并最终返回生活本身这样一个不断生长的过程，并且，在这一过程中，生活的意义得到扩展。于是，我们看到杜威不同于传统哲学的思考方式，传统哲学将反思活动（反省经验）作为最终的目的，而在杜威这里，反省经验只是经验历程中的一个阶段，它们是手段，是工具，最终不能离开日常生活和经验的历程。并且，在经验的历程（日常生活）中，目的和手段不具有唯一性和最终性，它们是在不断地相互作用和相互转化的。这样，经验才具有一种生长性和开拓性的力量，生活的意义才能不断趋于完善。"如果我们考虑到意义和了解所发生的情境的形式或轮廓，我们就会发现直接性的效用性、外显现实性和潜在可能性、终极的东西和具有工具性的东西，在这些情境中乃是同时出现而且是相互参照的。"① 也就是说，杜威的"工具主义"改造了传统哲学固有的观念，传统哲学所追求的具有最高意义的理智活动对杜威来说只具有"工具性"价值，它始终不能离开经验的历程。并且，正是在这种"工具性"意义上，经验由直接的经验转化为由理智活动所指引的活动，新的意义也因此得到生长。因此，杜威的"工具主义"是以生活的扩展和生存的完满为内涵的，它通过不断赋予事物和生活意义来促进生命活动的完满。

---

① 杜威. 经验与自然 [M]. 傅统先，译. 南京：江苏教育出版社，2005：117.

在杜威看来，语言也是一种经验方式，语言作为一种经验方式具有无可比拟的"工具性"价值，它能深入生活中并通过它将生活的意义挖掘出来。并且，它是最普遍意义的工具，是"工具的工具"。"在每一点上，器具和应用、用具和使用总是跟指导、提议和记录联系着的，而指导、提议和记录之所以可能是由于有了语言，凡为人们所谈过的有关于工具作用的东西，都要服从语言所提供的一个条件，语言是工具的工具。"① 具体说，语言的"工具性"主要体现在以下几个方面。

第一，语言承载事物和动作的意义。杜威举例说，"专门用来固定和传递意义的有形物体，就是符号。一个人将另外一个人推出房间，他的这一动作并不是符号。然而，如果他用手指向门口，或者发出声音——'出去'，他的行为就成为表达意义的工具了：它只是一个符号，而实质上并不是事物的全部。就符号而言，它们本身是什么，我们毫不关注，但是却关注它们所代表的事物"②。从这个意义上说，语言是人们有意创造的符号，它的意义已经同物质的特性彻底地联系在一起，通过语言，事物不只是物质的存在，而是获得独特的、永久的意义，人们因而能够直接理解事物的意义。因此，语言的目的就是传递意义，意义没有语言是不会存在的。

第二，语言是思想的"表达"。杜威强调，语言对思想的"表达"并不是像水管传导自来水一样只是扮演机械地传送原来业已存在的观念的通讯员的角色，事实上语言在"表达"过程中在悄悄"转变"观念。或者更进一步说，语言是观念或人的心理存在的最主要条件。杜威认为，人类的心理和动物的心理的不同之处就在于，人类的心理存在与语言密切相关。"心理的事情并不仅仅是动物所作的一种可以感受痛苦和散布安乐的各种反应而已，它们还必须有语言来作为它们存在的条件之一。每当休谟反躬自省时，他就发觉'观念'是在恒常流变之中，这些在流变中的'观念'就很像是一连串默念的字句。当然，在这些事情中，有一个有机的'心理-物理'动作的实体。但是这些'心理-物理'的动作之所以能够成为

---

① 杜威. 经验与自然 [M]. 傅统先，译. 南京：江苏教育出版社，2005：109.
② 杜威. 我们怎样思维·经验与教育 [M]. 姜文闵，译. 北京：人民教育出版社，2004.

可以认识的对象，成为具有一种可感性的事情，这是由于它们在谈论中已被具体化了。"① 也就是说，正是在语言的交谈中，人们可以交换不同经验，倾听对方的意见，埋怨别人或为自己辩解，意识与观念也就在此时悄悄地发生了。因此，意识绝不是内在和私有的事情，它是在语言的表达之中产生的。

第三，语言产生的后果能够反作用于其他事情，从而赋予事物以新的意义。杜威认为，语言就像货币一样，不仅自身具有价值，而且又通过影响其他事物使事物具有新的特性和意义。"语词就好像钱币一样，在这儿，金、银以及作为信用的各种工具，在它们成为钱币以前，首先是一些具有它们本身的直接和最后性质的物理事物。但是当它们作为钱币时，它们体现着各种关系的代替品、代表物和代理者。当钱币是一种代替品时，它不仅仅便利了在使用它以前就业已存在的这些货物的交换，而且它也使得一切货物的生产和消费都发生了改革，因为它产生了新的交往，形成了新的历史和事件。交易并不是一件能够被隔绝开来的事情。它标志着生产和消费进入了一个新的媒介和关联，在这里它们获得了新的特性。"② 因此，语言在人类探究自然的经验中就成为扩展和转换的力量，它使自然的事情变成可以被人们所享受和管理的音讯。不仅如此，语言产生的另外一个后果就是它进一步促进思维活动。"说话的发生使得哑巴动物——这是我们这样有意义地称呼它们的名词——变成了有思维和有知识的动物，并从而建立意义的领域。"③ 通过语言符号进行思维，不仅可以代替某种事件或行动，而且可以无限扩大经验资源，具有扩大经验的手段，人们的理解能力也因而获得发展。

正因为如此，对杜威来说，作为"工具性"的语言在经验中具有特别重要的意义，它不仅是身体活动的延展，而且具有一种无法否认的转化与生成的能力，它使"自然的"成为与人相关的"文化的"，使"直接的"事物成为有"意义的"事物，并使事物的意义固定下来服务于人类生存和生活意义的拓展。

---

① 杜威. 经验与自然［M］. 傅统先，译. 南京：江苏教育出版社，2005：110.

② 同①：113.

③ 同①：109.

## △ 6.3 语言的最重要功能：沟通

传统思想认为，语言是思想的表现。但在杜威看来，语言作为工具最重要的功能不在于"表达"，而在于"沟通"。"语言虽然可以表达思想，但是，起初并不是表达思想，甚至也不是有意识的。"① 而且，"语言的要点并不是对于某些原先存在的事物的'表达'，更不是关于某些原先就有的思想的表达。它就是沟通，它是在一种有许多伙伴参加的活动中所建立起来的协同合作，而在这个活动之中，每一个参加者的活动都由于参与其中而有了改变和受到了调节"。② 对杜威来说，"沟通"相对于"表达"对人类生活有更根本的意义。人类之所以能够形成共同体或社会，是因为沟通使他们具备共同的目的、信仰、了解、知识和期望，所以杜威说，"社会不仅通过传递、通过沟通继续生存，而且简直可以说，社会在传递中、在沟通中生存"。③

沟通就是协调社会活动，它必须使成员一起参与到某项活动中，一起分享目的和意义，理解可能性。因此，对杜威来说，沟通的主要作用是使社会活动成为一种有意义的存在。"当发生了沟通的时候，一切自然的事情都需要重新考虑和重新修订，……以适应于交谈的要求，无论它是公开的交谈或是那种所谓思考的初步谈话，都是如此。事情变成了对象；事物具有了意义。"④ 沟通不仅使不在场的事物成为可以指涉的对象，而且使直接的活动充满意义。"一个直接享受的事物加上意义，因而享受便被理想化了。甚至于自己身上暗自感觉到的一种剧痛，当它能被指点出来和加以叙述时，就成为一种有意义的存在。它不再是仅仅使人难受的东西，而且成为重要的东西了……"⑤ 握着将要离世的朋友或父母的手，因为有其他人的

---

① 杜威. 民主主义与教育 [M]. 王承绪，译. 北京：人民教育出版社，1990：196.

② 杜威. 经验与自然 [M]. 傅统先，译. 南京：江苏教育出版社，2005：116.

③ 同①：5.

④ 同②：108.

⑤ 同②：109.

分享与参与，单纯的事件就成为有意义的东西。进一步说，沟通也使理智的事情成为可能，探讨、思索、逻辑上的阐发都是沟通的结果。因此，沟通对于有生命活动的人类存在来说具有重大意义。

杜威认为，沟通的关键在于个体如何参与到他人的生活中，而语言在其中起到了关键的作用。"语言作为存在的必要条件、最终也是作为充分条件、作为非纯粹的有机活动的传播及其结果，其重要性在于这样的事实：一方面，语言是严格的生物行为模式，是从更早的有机活动中在自然的连续性中出现的；另一方面，语言又强迫个体采取其他个体的立场，并且从某一立场去看或学得，这一立场不是严格的个人立场，而是对于共同承担的参与者或各方来说都是共同立场。但语言首先是指其他某些人，或是与其一道组成交流————制造某些共同东西的那些人。"① 也就是说，语言的本质是相互作用的"某人"与他人，这两个不同的行为中心有一些事物已成为共有的东西，他们要相互了解、相互参照，参与在一个共同的事情之中，因而物质信号事实上只有当人们在互助和指导的具体联系中被运用时才发展成为语言，这些特定的关系性存在正体现经验的内在结构。

杜威认为，语言在沟通中的作用主要体现在以下几个方面。

第一，通过对愿望、情绪和思想的表达影响别人的行动。经验是某种特定关系性的存在方式，因而在经验中，人们的行动总是要求相互协作、共同参与。但是，人们由于互相不了解或彼此误解可能会产生意见分歧甚至行为冲突，从而使相互协作不可能。这种情况需要语言沟通。由于语言交流，某一个动作或事物成为可以理解的东西，人们可以参与多人的活动，使活动具有协同合作的性质。因此，杜威说："语言总是行动的一种形式，而且当它被当作工具使用时，它总是为了达到一个目的而进行的协作行动的一种手段，但同时它本身又具有它一切可能后果所具有的好处。因为没有一种行动方式像协作行动那样具有完满结果和报酬的性质的。它带有一种

---

① DEWEY J. Logic：the theory of inquiry［M］. New York：Henry Holt and Company，1938：46.

分享和融会一体的意义"。① 这里又提到语言影响人类行动的进一步作用，即语言是人类交往中节省精力的手段，它使人类的需要在少于个人劳动所付出的代价的基础上获得满足，因为它取得别人的合作协助。因此，互相沟通也是生活的一种直接提高。同时，在人们相互协作中，语言或交谈也可以是行动的"预演"，人们可以使相互协作的动作在交谈中"事先"展开，从而使活动结果获得某种预期，人们可以根据不同结果指导自己实际的动作和行为。这样，沟通就可以成为行动的实验，它使人类的生存活动由于相互交流而达到一种完满状态。

第二，语言是社会产生和发展的决定性力量。"既然作为一个工具或被用来作为求得后果的手段就是具有和赋予意义，那么作为工具之工具的语言就是'抚育'一切意义的母亲。因为其他用为工具和媒介的东西，即平常认为是用品、代用品和设备等的事物，只有在社会集体中才能产生和发展，而社会集体是有了语言才可能形成的。"② 语言之所以能够起到这样的作用，是因为语言具有自身的特性："语言是至少在两个人之间交相作用的一个方式：一个言者和一个听者。它要预先承认一个组织起来的群体，而这两个人是属于这个群体之内的，而且他们两人是从这处群体中获得他们的言语习惯的。所以它是一种关系，而不是一个特殊的事情"。③ 也就是说，语言作为沟通的工具，它使每个人都必然成为社会性存在，正是由于彼此交谈，每一个人的个人行为都成为社会行为的参与者。从这种意义上说，并不存在真正意义上的自言自语。"自言自语乃是跟别人交谈的结果和反映。"④ 如果我们从未与别人交谈过，那么我们就不可能自言自语。在此基础上，语言也是意识与思想产生的条件，"通过语言，一个人好像表演戏剧一样，似乎自己正在从事一些可能的活动和事业，他扮演许多不同的角色，他不是在生命的连续阶段上，而是在同时扮演的戏剧中这样做的。因此便有了心灵的产生。"⑤ 可

---

① 杜威. 经验与自然 ［M］. 傅统先，译. 南京：江苏教育出版社，2005：119.

② 同①：121.

③ 同①：120.

④ 同①：110.

⑤ 同①：111.

见，语言对于社会联系的发生与开展具有重要作用。正是在此意义上，杜威说："当沟通的工具性的和终极性的功能共同在经验中活动着的时候，便有了智慧，而智慧乃是共同生活的方法和结果，而且也就有了社会，而社会则是具有指导爱慕、景仰和忠诚的价值的"。[①]

第三，语言是思想和知识的媒介。前面我们已经说过语言作为事物或观念的载体，承载着意义并塑造着思想。语言的沟通力量还可以以另一种形式表现出来，即语言由原来作为实际的、社交的工具逐步变成有意识地传播知识、帮助思维的工具。概念和文字是语言这一工具形式的副产品。在此意义上，语言的参与性具有把人类的多样性协调进一个文化中或一个社群中的能力，这样语言所达到的人们之间的相互理解就上升为文化之间的相互理解。"因为语言代表着为了社会生活的利益经过最大限度改造的物质环境——在变成社会工具时物质的东西已丧失它们原来的特性——所以，和其他工具比较起来，语言应起更大作用。通过语言，我们间接地参与过去人类的经验，因而拓宽并丰富了目前的经验。使我们能运用符号和想象去期待种种情境。语言能用无数方法把记录社会结果和预示社会前景的意义凝缩起来。"[②] 所以，语言也是人类参与不同时空的文化的媒介。对杜威来说，文化就是经验，就是人类改造自然的经验成果，因而它不仅仅是逻辑和理性，远在逻辑和理性之前，文化就是关于故事、摇篮曲、游戏、表达感受、社会的相互作用、宗教、教育及艺术的事件。因此，语言使我们自由地参与生活和文化中有价值的东西，从而拓展生存的意义和价值。

## 6.4 小 结

杜威所理解的语言是发生在自然之内的人类的经验方式，它本身是经验的开展过程，具有"工具性"价值，这种"工具性"体现为语言自身的转化性力量，它使直接的事物成为具有意义的事物，

---

① 杜威. 经验与自然 [M]. 傅统先，译. 南京：江苏教育出版社，2005：132-133.
② 杜威. 民主主义与教育 [M]. 王承绪，译. 北京：人民教育出版社，1990：42.

使直接的经验成为在理智指导下的活动，使个人的行为成为一种关系性存在。事实上，在杜威看来，语言就是人类的生存活动，这种生存活动通过沟通或交流体现出来。正是在沟通或交流中，语言成为人类实践活动不可缺少的工具。因此，杜威的语言哲学虽然涉及语言的起源、性质和功能等方面，但它本质上不是对语言进行逻辑分析，而是通过语言对现实生活进行思索和洞察。可以说，杜威的语言哲学是其实践哲学的另一种展开方式，其中贯穿着他立足于生命活动与生活意义的新的哲学理解。

# 第7章 结 语

杜威的教育哲学思想是建立在其实用主义立场上的经验主义之上的。他虽然保留了传统的英国经验主义的关于经验的立场，但又克服了英国经验论对经验的割裂的解释。究其原因，可以在杜威思想纵横交错的发展历程中找到一个较为清晰的脉络。杜威的早期哲学思想是受黑格尔影响的，黑格尔哲学中强调统一性、连续性的思想一直贯穿杜威哲学思想的始终。1877—1878 年，大学期间生理学课程中对达尔文进化论的学习，使他对有机体与自然之间的相互作用有了更为深刻的理解。他在进化论中找到了建立新哲学的可能性，认为只有在生命活动的基础上，传统哲学的二元论问题才能从根本上得到解决，一切凌驾于生活和经验之上的形式都是不存在的，生活与经验自身是统一的。进而在詹姆斯心理学理论中的"意识流"概念提出后，杜威意识到传统哲学的二元困境的根源在于人类经验被人为地分割开来，只有坚持经验的有机性和整体性才能解决此问题。由此，他进一步批判性地接受黑格尔主义，反对黑格尔的绝对主义，反对将整个世界归结为某种绝对的、超经验的原理，而是把整个世界归为一个变化着的经验的世界。当时世界性的工业革命和科技发展也为其理论的提出提供了强有力的支撑，使得杜威更确定地从古典哲学中对绝对性、普遍性、确定性的寻求转变到对相对性、特殊性和不确定性的探寻。为此，杜威重建了"经验"概念，提出一种新的实用主义的经验观，这也是杜威哲学被称为经验哲学的原因。而教育则在哲学的实践过程中起着至关重要的作用，二者是密不可分的。因此，杜威的教育哲学思想也是基于其经验哲学发展而来的，可以将其看成一种"经验的改造"。

杜威的教育哲学思想立足于经验论的教育哲学思想的深远影响。第一次世界大战后，美国经济陷入危机，彼时正是杜威的以儿童为中心的教育思想和他所创办的实验学校发展得如火如荼的时期，实施杜威教育理论的实验学校遍布美国各地。杜威的"学校即社会"的教育命题更是促进了学校与社会的联系，实验表明教学效果明显。美国各地的"教学不再以教师及教科书为中心，学校教育乃逐渐活泼化并显出朝气，学生从经验中学习，注重实验，主张思考与探究，促进科学的研究与发展等，以提高美国教育效能，促进美国的发展与繁荣。"① 与此同时，杜威的教育哲学思想开始在全世界广泛传播，日本、英国、德国、土耳其、墨西哥、苏联等国家的教育都受其影响。杜威的几个教育命题，以及民主主义等观念，对于中国摒弃旧式教育，实行新学也起到了重要的作用，有力地推动促成了中国由旧式教育向新式教育的转变。

但我们也要清醒地认识到，虽然杜威的教育哲学思想被广泛传播并获得了较好的教学效果，但其出发点是服务于美国的民主制度和当时的社会需求的。由于时代背景不同，与我国教育的服务对象也是不同的，将其照搬照抄地应用于我国的教育体制是不可行的。我们需要结合国内具有中国特色的社会发展和教育发展进程，汲取杜威教育思想中的精华，如：超越传统二元论的经验主义一元论思想、探究性认识论思想等，以解决教育与生活脱离、教育过程中各环节之间的脱节等在我国教育现代化过程中出现的诸多问题。

① 陈峰津. 杜威教育思想与教育理论［M］. 福州：福建教育出版社，2015：520.

# 参考文献

## 1. 图书

[1] 杜威.我们怎样思维·经验与教育[M].姜文闵,译.北京:人民教育出版社,2004.

[2] 杜威.民主主义与教育[M].陶志琼,译.北京:中国轻工业出版社,2015.

[3] 杜威.确定性寻求[M].傅统先,译.上海:上海人民出版社,2005.

[4] 杜威.杜威全集·早期著作(1882—1898):第五卷[M].杨小微,罗德红,译.上海:华东师范大学出版社,2010.

[5] 杜威.杜威全集·中期著作(1899—1924):第一卷[M].刘时工,白玉国,译.上海:华东师范大学出版社,2012.

[6] 杜威.杜威全集·晚期著作(1925—1953):第十二卷[M].邵强进,张留华,高来源,等译.上海:华东师范大学出版社,2016.

[7] 吕达,刘立德,邹海燕.杜威教育文集:第1卷[M].北京:人民教育出版社,2008.

[8] 杜威.哲学的改造[M].许崇清,译.北京:商务印书馆,1953.

[9] 杜威.人的问题[M].傅统先,邱椿,译.上海:上海人民出版社,2014.

[10] 杜威.杜威教育论著选[M].赵祥麟,王承绪,编译.上海:华东师范大学出版社,1981.

[11] 杜威.经验与自然[M].傅统先,译.南京:江苏教育出版社,2005.

[12] 单中惠.现代教育的探索:杜威与实用主义教育思想[M].北京:人民教育出版社,2002.

[13] 杜威.杜威文选[M].涂纪亮,译.北京:社会科学文献出版社,2006.

［14］ 张云.经验·民主·教育:杜威教育哲学［M］.上海:上海社会科学院出版社,2007.

［15］ 简·杜威.杜威传［M］.单中惠,译.合肥:安徽教育出版社,1987.

［16］ 涂诗万.杜威教育思想的形成［M］.杭州:浙江教育出版社,2015.

［17］ 海森伯.物理学家的自然观［M］.吴忠,译.北京:商务印书馆,1990.

［18］ 爱因斯坦.爱因斯坦文集:第1卷［M］.许良英,范岱年,编译.北京:商务印书馆,1976.

［19］ 赫根汉.心理学史导论［M］.4版.郭本禹,蔡飞,姜飞月,等译.上海:华东师范大学出版社,2004.

［20］ 詹姆斯.心理学原理［M］.郭宾,译.北京:中国社会科学出版社,2009.

［21］ 詹姆斯.彻底的经验主义［M］.庞景仁,译.上海:上海人民出版社,1986.

［22］ 苗力田.亚里士多德全集:典藏本［M］.北京:中国人民大学出版社,2016.

［23］ 培根.新工具［M］.许宝骙,译.北京:商务印书馆,1984.

［24］ 洛克.人类理解论［M］.谭善明,徐文秀,编译.西安:陕西人民出版社,2007.

［25］ 德雷克.批判的实在论论文集［M］.郑之骧,译.北京:商务印书馆,1979.

［26］ 朱永新.中外教育思想史［M］.南京:南京大学出版社,2015.

［27］ 刘新科.外国教育史［M］.武汉:武汉大学出版社,2012.

［28］ 卢卡奇.历史与阶级意识［M］.杜章智,任立,燕宏远,等译.北京:商务印书馆,2004.

［29］ 托马斯.杜威的艺术、经验与自然理论［M］.谷红岩,译.北京:北京大学出版社,2010.

［30］ 姜义华.胡适学术文集:教育［M］.北京:中华书局,1998.

［31］ 褚洪启.杜威教育思想引论［M］.长沙:湖南教育出版社,1998.

［32］ 陶行知.陶行知全集:第2卷［M］.长沙:湖南教育出版社,1985.

[ 33 ] 陈峰津.杜威教育思想与教育理论[ M ].福州:福建教育出版社,2015.

[ 34 ] 希克曼.杜威的实用主义技术[ M ].韩连庆,译.北京:北京大学出版社,2010.

[ 35 ] 坎贝尔.理解杜威:自然与协作的智慧[ M ].杨柳新,译.北京:北京大学出版社,2010.

[ 36 ] 杜威.新旧个人主义:杜威文选[ M ].孙有中,译.上海:上海社会科学出版社,1997.

[ 37 ] NEIL C.Young John Dewey[ M ].Chicago:University of Chicago Press,1975.

[ 38 ] DEWEY J.The collected works of John Dewey(1882—1953):the later works,1925—1953:Vol.5[ M ].BOYDSTON J A,ed.Carbondale:Southern Illinois University Press,1981.

[ 39 ] DEWEY J.Freedom and culture[ M ].New York:G.P.Putnam's Sons,1939.

[ 40 ] ROTH R J.Radical pragmatism:an alternative[ M ].New York:Fordham University Press,1998.

[ 41 ] DEWEY J.The collected works of John Dewey(1882—1953):the early works,1882—1898:Vol.1[ M ].ANN BOYDSTON,ed.Carbondale:Southern Illinois University Press,1967.

[ 42 ] DEWEY J.The collected works of John Dewey(1882—1953):the middle works,1899—1924:Vol.4[ M ].ANN BOYDSTON,ed.Carbondale:Southern Illinois University Press,1976.

[ 43 ] MCDERMOTT J J.The philosophy of John Dewey[ M ].Chicago:University of Chicago Press,1973.

[ 44 ] HERDEL C W.John Dewey and the experimental spirit in philosophy[ M ].New York:The Liberal Arts Press,1959.

[ 45 ] DEWEY J.The need for a recovery of philosophy[ M ]//MCDERMOTT J J.The philosophy of John Dewey:Vol. I. New York:G.P.Putnam's Sons,1973.

[ 46 ] GRONDA R.Dewey's philosophy of science[ M ].Berlin:Springer-Verlag,2020.

［47］ WESTBROOK R B.John Dewey and American democracy［M］. New York：Cornell University Press,2015.

［48］ GARRISON J,NEUBERT S,REICH K.John Dewey's philosophy of education：an introduction and recontextualization for our times［M］.London：Palgrave Macmillan,2012.

［49］ CUNNINGGHAM P,HEILBRONN R.Dewey in our time：learning from John Dewey for transcultural practice［M］.London：UCL IOE Press,2016.

［50］ HIGGINS S,COFFIELD F.John Dewey's democracy and education：a British tribute［M］.London：UCL IOE Press,2018.

［51］ FRANK J.Teaching in the now：John Dewey on the educational present［M］.Ashland：Purdue University Press,2019.

［52］ BEHUNIAK J.John Dewey and Daoist thought：experiments in intra-cultural philosophy：Vol.1［M］.Albany：SUNY Press,2019.

［53］ COWLES H M.The scientific method：an evolution of thinking from Darwin to Dewey［M］.Cambridge：Harvard University Press,2020.

## 2. 学位论文

［1］ 王淑华.杜威教育哲学述评［D］.湘潭：湘潭大学,2009.

［2］ 唐斌.教育的经验诠释：杜威教育哲学疏论［D］.苏州：苏州大学,2011.

［3］ 张云.经验、民主和教育：从历史唯物主义的视角看杜威的教育哲学［D］.上海：复旦大学,2005.

［4］ 臧兴妍.论约翰·杜威实用主义教育思想［D］.长春：吉林大学,2008.

［5］ 张梅.杜威的经验概念［D］.上海：复旦大学,2008.

［6］ 张玉琴.杜威审美经验论的教育意义探索［D］.武汉：华中师范大学,2019.

［7］ 郑国玉.杜威：作为生活方式的民主：论杜威在政治哲学上的变革［D］.上海：复旦大学,2010.

［8］ 孔祥田.经验、民主与生活：杜威政治哲学研究［D］.北京：中国人民大学,2006.

［9］　陈源博.杜威的经验哲学［D］.南京：南京大学,2012.

［10］　谭景峰.改造传统哲学的知与行：杜威确定性寻求思想探究
　　　　［D］.重庆：西南大学,2007.

［11］　王贞.杜威实用主义哲学研究［D］.桂林：广西师范大学,2015.

［12］　陈欣."经验"与"成才"：杜威教育哲学研究［D］.上海：复旦大
　　　　学,2009.

［13］　胡佳.杜威的教育哲学［D］.武汉：武汉大学,2005.

［14］　杜文丽.民主与教育：杜威教育哲学初论［D］.哈尔滨：黑龙江
　　　　大学,2003.

［15］　邰杰.基于经验的杜威教育哲学基本命题之研究［D］.苏州：苏
　　　　州大学,2009.

［16］　侯焕.情境理论：经验哲学的自我完成：杜威情境理论研究
　　　　［D］.西安：西北大学,2018.

［17］　刘新龙.杜威价值哲学思想及其对价值教育的启示［D］.曲阜：
　　　　曲阜师范大学,2014.

［18］　杨颖慧.杜威关系性哲学视野中的新个人主义及其对儿童教育
　　　　的启示［D］.南京：南京师范大学,2013.

［19］　桑志坚.杜威教育哲学的人生视野及其启示［D］.呼和浩特：内
　　　　蒙古师范大学,2009.

［20］　吕文伟.创造者的培养：基于马克思哲学立场评杜威价值哲学
　　　　的要旨［D］.上海：复旦大学,2013.

［21］　杨慧玲.马克思与杜威的教育哲学比较研究［D］.秦皇岛：燕山
　　　　大学,2012.

### 3. 期刊中析出的文献

［1］　刘放桐.《杜威全集》中文版序言［J］.哲学分析,2011,2（1）：186
　　　　－196.

［2］　张云.教育的更新：杜威教育哲学的实质［J］.兰州学刊,2004
　　　　（6）：326－329,302.

［3］　涂诗万.重新发现杜威：中国近20年杜威研究新进展［J］.中国
　　　　人民大学教育学刊,2016（3）：91－112.

［4］　石中英.杜威教育哲学论述的方法［J］.教育学报,2017,13（1）：3-9.

［5］　王允."近十年我国约翰·杜威研究的现状分析"文献综述［J］.

中国校外教育,2013(12):19.

[6] 卢云昆,王志宏.试论早期海德格尔的经验概念[J].哲学研究,2010(11):83-89.

[7] 刘彬.教育是经验的"改造"还是"重构":重温《民主与教育》[J].现代大学教育,2019(6):16-24.

[8] 苏智欣.杜威与中国教育:比较分析与批判性评估[J].教育学术月刊,2019(2):3-18.

[9] 顾红亮.杜威"教育即生活"观念的中国化诠释[J].教育研究,2019,40(4):22-27.

[10] 涂诗万.行行重行行:杜威教育思想研究在中国[J].华东师范大学学报(教育科学版),2014,32(2):116-124.

[11] 邱峰.杜威教育哲学认识论新探[J].教育研究与实验,2016(3):58-63.

[12] 王凤玉,单中惠.世界教育学者眼中的《民主主义与教育》[J].教育研究,2016,37(6):121-130.

[13] 张淑姝,李萍.杜威"教育无目的"概念的澄清[J].现代大学教育,2018(6):28-36.

[14] 刘悦笛.马克思的"生活美学":兼与维特根斯坦、杜威比较[J].马克思主义美学研究,2017(10):152-160.

[15] 吴猛.杜威"经验"概念与马克思"实践"概念之比较[J].江苏行政学院学报,2009(4):29.

[16] 刘放桐.发展着的马克思主义与多维视野下的杜威实用主义[J].复旦学报,2019,61(6):58-65.

[17] 刘放桐.对杜威来华访问的马克思主义解读:纪念杜威访华百周年[J].中国浦东干部学院学报,2019(5):52-60.

[18] 刘放桐.杜威在西方哲学上的"哥白尼式的革命":与康德和马克思的比较[J].河北学刊,2014,34(3):13-19.

[19] 刘放桐.再论重新评价实用主义:兼论杜威哲学与马克思哲学的同一和差异[J].天津社会科学,2014(2):4-12.

[20] 黄启祥.实用主义哲学的传播与影响:中国教育思想界对美国实用主义的引介与发展[J].人民论坛,2014(8):20-24.

[21] 丁永为,兰玉婷.职业教育与民主:论杜威职业教育思想的当代

意义[J].中国职业技术教育,2012(18):71-73.

[22] 高营.杜威"做中学"教育思想及其对我国职业教育教学改革的启示[J].科教导刊,2018(12):6-7.

[23] 顾彬彬.教育的职业观:杜威的职业与教育的思想[J].教育探索,2011(1):9-12.

[24] 张丹宁.杜威职业教育理论视域下的现代学徒制诠释[J].职业教育研究,2019(10):91-96.

[25] 张斌贤,高玲.1906—1917年美国职业教育运动学术史[J].大学教育科学,2015,2(2):88-101.

[26] 高山艳.杜威与普洛瑟职业教育哲学思想比较及反思[J].现代教育管理,2014(11):114-118.

[27] 涂诗万.杜威高等教育思想中的"进步主义"[J].北京大学教育评论,2018,16(1):99-114,190.

[28] 杨靖."美国天才的最伟大最完全的体现者":杜威民主教育思想研究[J].社科纵横,2016,31(9):143-148.

[29] 徐莉.教育是什么:在工业文明即将远去时重读杜威[J].国家教育行政学院学报,2015(1):51-55.

[30] 蔡春,易凌云.在"境遇"中"生长":论杜威的伦理与道德教育思想[J].集美大学学报,2004,5(3):18-29.

[31] 李怡汶.杜威美学思想形成原因分析[J].美与时代(下),2018(3):33-34.

[32] 徐岱,王若存.伦理经验与诗性意义:杜威美学及其价值的再审视[J].浙江大学学报(人文社会科学版),2016,46(2):87-96.

[33] 张会平.艺术经验的阐释:读杜威美学[J].安徽文学(下半月),2010(12):67-68.

[34] 常宏.杜威的宗教观[J].贵州大学学报(社会科学版),2008(1):25-32.

[35] 赵秀福.评杜威的宗教观[J].理论学刊,2002(3):63-66.